GENDER TECH

LAURA TRIPALDI

GENDER TECH

Ce que la technologie fait au corps des femmes

Traduit de l'italien par Muriel Morelli

Titre original : *Gender Tech. Come la tecnologia controlla il corpo delle donne*

www.luxediteur.com

Conception graphique de la couverture : David Drummond

Dépôt légal : 4e trimestre 2024
Bibliothèque et Archives Canada
Bibliothèque et Archives nationales du Québec

ISBN : 978-2-89833-169-5
ISBN (epub) : 978-2-89833-171-8
ISBN (pdf) : 978-2-89833-170-1

La traduction de cet ouvrage a été effectuée avec la contribution du Segretariato Europeo per le Pubblicazioni Scientifiche (SEPS) – www.seps.it / seps@seps.it.
Nous reconnaissons l'aide financière du gouvernement du Canada.

L'« histoire de l'humanité » gagnerait à être rebaptisée « histoire des technologies », le sexe et le genre étant des appareils pris dans un système technologique complexe. Cette « histoire des technologies » montre que la « Nature Humaine » n'est qu'un effet de négociation permanente des frontières entre humain et animal, corps et machine, mais aussi entre organe et plastique.

Paul B. PRECIADO, *Manifeste contra-sexuel*

Introduction

DANS SON DOCUMENTAIRE intitulé *What Is a Woman?*[1], le chroniqueur américain conservateur Matt Walsh se propose de percer le mystère de l'identité féminine. Pour ce faire, il entreprend un voyage au fil duquel il interviewe des scientifiques, des psychologues, des politiques, des universitaires et des activistes, posant à chacun la même question : « Qu'est-ce qu'une femme ? » La plupart des personnes interviewées appartiennent, à titres variés, à la sphère progressiste ; parmi elles, un chercheur en *gender studies,* une psychologue spécialisée en transition de genre, un politicien démocrate. Immanquablement, toutes les personnes à qui Walsh pose cette question, simple et inoffensive en apparence, sont déroutées. Certaines ébauchent des réponses confuses, d'autres se lancent dans d'interminables dissertations philosophiques, d'autres encore refusent simplement d'y répondre, repoussant le journaliste d'un ton agacé. « Pourquoi tu poses cette question ? » demande, troublé, un des interviewés. « Je voudrais juste savoir », répond Walsh naïvement. Seuls le propriétaire d'un magasin de gadgets tirés de la saga *Star Wars* et le chef d'une tribu maasaï du Kenya semblent avoir des idées très claires sur le sujet.

L'intention politique du documentaire n'est pas difficile à cerner : il s'agit d'une provocation adressée à un monde qui, à cause de la diffusion de la culture de la fluidité sexuelle introduite par le féminisme contemporain, semble avoir perdu tout contact avec la « réalité » et la « vérité » du corps. « Voilà le futur que veulent les progressistes », déclare un célèbre même de droite : un monde où le sexe est à la fois indéfinissable et entouré d'un tabou culturel qui interdit d'exprimer le moindre doute sur sa signification ou son origine. Dans ce contexte, la question « Qu'est-ce qu'une femme ? » a été délibérément conçue pour décontenancer les personnes à qui on la pose, et les obliger à se ranger d'un côté ou de l'autre d'une barrière idéologique particulièrement insidieuse. D'un côté, on est obligé d'admettre qu'« être une femme » est une conséquence de la biologie : ce sont les chromosomes ou d'autres caractéristiques physiques comme la présence ou l'absence, à la naissance, d'organes sexuels spécifiques qui déterminent de manière univoque et irréversible le sexe et le rôle social d'une personne. De l'autre côté de la barrière, le genre est considéré comme le produit d'un ensemble de conditionnements sociaux et culturels sans lien avec le corps. C'est cette dernière position qui, poussée dans ses conséquences extrêmes, semble particulièrement vulnérable. Mis au pied du mur, de nombreux interviewés finissent par affirmer qu'une femme est quiconque déclare en être une. Et si quelqu'un, insiste Walsh imperturbable, déclarait être un chien ? Un champignon ? Un hélicoptère ? L'identité du corps ne serait-elle que le résultat d'un processus d'auto-énonciation ? Suffirait-il de déclarer être une certaine chose pour devenir cette chose ?

Le visionnage de ce documentaire devient très vite terriblement frustrant. Pour rependre un mot du jargon internet, « ça m'a *triggered* ». Tous ceux qui ont eu une discussion sur l'identité de genre avec un conservateur, sur les réseaux sociaux ou dans la vie réelle, sont probablement familiers des pièges argumentatifs tendus ; c'est aussi pour cela que nombre de personnes sollicitées par Walsh s'aperçoivent au cours de l'interview qu'elles ont été enrôlées à leur insu dans une pantomime réactionnaire. D'un autre côté, je dois reconnaître qu'une des composantes de ma colère et de ma frustration est due au fait que même en me creusant la cervelle, je me sens tout aussi incapable d'apporter une réponse satisfaisante. J'ai beau m'opposer à l'idée que la biologie puisse déterminer chaque aspect de mon comportement social et de mon identité culturelle, je ne sais pas non plus expliquer pourquoi je m'identifie à une femme et pas à un hélicoptère. Dans un certain sens, moi aussi « je voudrais juste savoir » ce qu'est une femme, mais j'ai souvent eu l'impression qu'il était inutile de se le demander.

Le problème ne réside peut-être pas tant dans notre incapacité à répondre que dans notre « volonté de savoir », innocente en apparence. Nous considérons cette aspiration à la connaissance comme un désir légitime d'accession à la vérité sur notre corps et sur celui des autres. Toutefois, la question « Qu'est-ce qu'une femme ? » n'est pas inoffensive : elle peut entraîner des réponses qui limitent la liberté de certaines personnes et légitiment l'exercice de formes de violence systémiques. Le philosophe Michel Foucault a justement utilisé le concept de « volonté de savoir » pour montrer comment, dans la modernité, la sexualité est devenue l'objet d'une connaissance scientifique et institutionnalisée ; or ce désir de connaître la « vérité » du sexe révèle toujours son côté obscur. « La vérité n'est pas libre par nature, écrit Foucault, sa production est tout entière traversée des rapports de pouvoir[2]. » Bien que cela paraisse contre-intuitif, le savoir, et en particulier le savoir concernant le genre et la sexualité, ne se limite pas à distinguer le vrai du faux ; ce savoir, au contraire, est une question de survie. Autrement dit, on ne peut pas faire comme si ce savoir était un énoncé dépourvu de sens politique. Dicter la vérité sur les corps signifie déclarer que certains ont le droit d'exister et choisir de condamner les autres à la marginalité et à l'oppression.

Ce livre n'est pas une tentative de répondre à la question « Qu'est-ce qu'une femme ? ». C'est une réflexion sur les outils qui, au cours de l'histoire contemporaine, ont été adoptés pour la poser. Aussi, dans les pages qui suivront, j'utiliserai souvent le mot « épistémologie », un terme qui renvoie non pas au contenu de la question « qu'est-ce... ? », mais aux conditions matérielles et culturelles qui rendent notre connaissance possible. Répondre à la question « qu'est-ce ? » est une mission aujourd'hui dévolue au savoir scientifique : quand nous nous demandons « Qu'est-ce qu'une femme ? », notre esprit court spontanément vers des concepts relevant du domaine de la science, qu'ils soient liés à la génétique, à l'anatomie ou à la biochimie. Pourtant, le savoir de la science est toujours tributaire de la médiation de la technologie. Pour observer les chromosomes sexuels, il faut un microscope ; pour étudier l'anatomie, il faut un bistouri ; pour reconnaître les hormones sexuelles, il faut les extraire, les isoler et les analyser dans un laboratoire de chimie. Quelle est la fonction de ces outils qui agissent en intermédiaire entre les corps et notre connaissance de ces corps ? Sont-ils les transmetteurs passifs d'une réalité préexistante ou bien peuvent-ils transformer, distordre, voire construire, cette réalité ?

Toutes les technologies développées autour du genre et de la sexualité entretiennent un rapport très complexe, jamais linéaire, avec les corps sur lesquels elles agissent. Ce sont des dispositifs nécessairement ambigus, car leur capacité à dicter la vérité sur le corps leur permet aussi d'exercer une forme de contrôle et de domination sur ce dernier. C'est pour cette raison que j'ai choisi d'interroger le rapport entre genre et technologie en reprenant l'histoire des technologies contemporaines qui ont agi et continuent à agir sur et à travers le corps des femmes : du spéculum gynécologique à la contraception hormonale, du test de grossesse à l'échographie, et jusqu'aux nouvelles technologies numériques pour le contrôle de la fertilité. Ces « technologies de genre » se sont souvent révélées ambivalentes dans leur contribution à l'émancipation féminine : si elles ont permis aux femmes d'acquérir de plus en plus de connaissances et de contrôle sur leur propre corps et leur santé reproductive, elles ont aussi contribué à renforcer d'anciennes formes d'oppression et à en créer de nouvelles.

Au-delà des conséquences, oppressives ou émancipatrices, des technologies de genre sur nos vies, il faut garder à l'esprit que le rapport de nos corps à ces dispositifs est souvent plus articulé qu'il n'y paraît. Un des aspects que partagent toutes ces technologies, nonobstant leur diversité, est leur faculté de projeter un nouveau regard à l'intérieur du corps, transportant l'expérience intime des personnes vers la sphère publique du savoir scientifique et du pouvoir politique. Un regard qui, en outre, agit toujours dans deux directions complémentaires. Quand nous nous prenons en photo, l'appareil transforme l'expérience intime de notre corps en une image que nous pouvons reproduire ou partager et, en même temps, l'expérience de notre corps est transformée par le fait de prendre la pose, si bien que nous apprenons, dans notre rencontre avec la technologie, à nous considérer nous-mêmes *à travers le regard* de l'objectif. De la même manière, par exemple, le développement des hormones synthétiques a contribué à construire le corps de la femme comme un système biochimique à contrôler et à « réguler » ; la naissance de l'échographie a participé activement à la construction du fœtus comme « personne ». Cette action rétroactive des technologies sur les identités rend la question « Qu'est-ce qu'une femme ? » encore plus difficile à clarifier, car elle érode la frontière rigide entre corps et image, entre nature et culture, entre la matière et les discours que nous construisons à son sujet.

Dans son essai *Ces corps qui comptent,* Judith Butler propose de concevoir la matière « non pas comme un site ou une surface, mais comme un processus de matérialisation qui, au fil du temps, se stabilise et produit l'effet de frontière, de fixité et de surface que nous appelons la matière[3] ». La raison pour laquelle je suis une femme (et pas un hélicoptère) ne peut se réduire à la nature matérielle de mon corps ; ce que j'expérimente en tant que « corps féminin » n'est pas le résultat d'une essence profonde et immuable, mais le produit d'un ensemble de processus technologiques inscrits dans la société et l'histoire. Ce qui ne veut pas pour autant dire que mon identité n'a rien à voir avec mon corps. Les technologies de genre agissent sur et à travers la matière tel un champ de forces, en construisant le corps aussi bien sur le plan matériel que sur le plan imaginaire. Dans cet ouvrage, le concept de « matérialisation » se révélera particulièrement utile pour penser le rapport entre les corps et la technologie, tant dans le domaine des questions de genre que dans le domaine plus vaste du savoir scientifique. Les corps et les dispositifs technologiques qui les observent se matérialisent réciproquement, c'est pourquoi la question « Qu'est-ce qu'un corps ? » ne peut être abordée que dans l'espace de leur rencontre. Pour désigner cet espace de rencontre entre les corps et la technologie, je parlerai d'« interface ».

Penser le corps comme résultat de divers processus de matérialisation opérés grâce à la médiation des technologies, c'est aussi reconnaître que notre identité humaine se constitue à travers un vaste réseau d'autres corps et d'autres processus non humains. Dans l'histoire des technologies de genre, des molécules, des plantes, des animaux et des matériaux inorganiques – qui n'ont aucun lien « naturel » ou « biologique » entre eux – se mélangent pour nous permettre de tracer les frontières de notre propre « nature ». Ainsi, des objets que nous avons toujours considérés comme des corps étrangers ou des outils passifs du savoir scientifique agissent sur notre subjectivité. Pour répondre à la question « Qu'est-ce qu'une femme ? » nous sommes donc obligés de reconnaître qu'une « femme », c'est aussi un arbuste des forêts mexicaines, une molécule organique, une grenouille de l'Afrique du Sud, une particule d'or, une onde sonore, un algorithme et une baleine bleue. Aussi paradoxal que cela puisse paraître à une époque de certitudes scientifiques, il n'est pas si facile de déterminer où commence et où finit notre corps.

Lorsque, face à un corps, nous nous demandons « Qu'est-ce que c'est ? », nous comprimons dans l'espace minuscule du mot « est » la profonde stratification des processus technologiques qui nous ont permis de connaître et de construire son identité. Cela est vrai pour tous les corps, mais c'est particulièrement important quand les corps en question sont des sujets politiques, comme dans le cas de la femme. En tant que dispositifs de construction et de transformation des corps et des identités, les technologies deviennent oppressives dès lors qu'on oublie ou qu'on camoufle leur historicité et que le résultat de leur médiation devient une affirmation, apparemment immédiate, de ce qu'« est » un corps. Pour cette raison, il est essentiel de raconter les histoires des processus technologiques qui ont matérialisé le genre dans le monde contemporain : cela nous rappelle que même « la nature » telle que nous la connaissons n'a pas toujours existé, qu'elle peut donc être transformée. Les processus technologiques sont des vecteurs d'émancipation à condition qu'on les conçoive comme des espaces ouverts et partagés où le corps, libéré de sa « nature », peut se matérialiser sous de nouvelles formes.

Le mot « matérialisation » a aussi une connotation parapsychique. Le terme est utilisé en référence aux fantômes, aux objets qui passent à travers le voile qui sépare le monde matériel du monde immatériel. Au cours des séances de spiritisme en vogue à la Belle Époque, certains médiums produisaient des sécrétions mystérieuses qu'on appelait « ectoplasme » : un fluide organique mais évanescent, à la fois visible et invisible, qui résistait opiniâtrement à tout instrument cherchant à le représenter ou à le comprendre parfaitement. L'ectoplasme s'est matérialisé précisément au moment de l'histoire où la science a commencé à se demander « Qu'est-ce qu'une femme ? », à élaborer de nouveaux dispositifs technologiques et conceptuels pour examiner et contrôler le corps féminin. C'était un matériau indéfinissable et ambigu, capable de désobéir au regard scientifique qui l'avait produit. Corps naturel ou artefact, réalité ou performance, peu importe : sa liberté résidait dans sa capacité à exister sur le seuil, à occuper l'interface entre la matière et le regard. L'ectoplasme – dans sa proximité symbolique et matérielle avec le corps des femmes – s'avère un excellent point de départ pour raconter l'histoire du rapport ambigu, parfois obscur, entre genre et technologie.

Chapitre 1

Ectoplasmes

Personnes-ombre

Le synchrotron de Grenoble est un anneau d'un kilomètre de diamètre dans lequel des électrons, prisonniers du vide d'un tube d'acier et accélérés par de puissants dispositifs électromagnétiques, tournent à une vitesse proche de celle de la lumière. Autour de ce dispositif s'élève un hangar gigantesque, traversé par un labyrinthe de couloirs, d'escaliers et de passerelles, seul parcours praticable par l'humain dans une jungle de câbles, de tôles et de tuyaux. La première fois que j'y suis allée, en 2018, je n'avais jusqu'alors jamais travaillé dans une si grande infrastructure de recherche scientifique. Comparé à mon petit laboratoire universitaire, cet espace austère m'inspirait un sentiment de crainte quasi religieux. Telle une cathédrale bâtie autour de la présence incorporelle de la divinité, l'architecture circulaire du synchrotron était l'enveloppe matérielle d'une myriade de corps invisibles. À la fin de mon service de nuit, lorsque je marchais seule dans des laboratoires déserts, il m'arrivait d'entrevoir des silhouettes sombres derrière moi. Je me rassurais en me disant que ces ombres silencieuses, à la forme vaguement humaine, étaient une hallucination due à un manque de sommeil ou un de ces halos annonciateurs de mes fréquentes crises de migraine. Illusion ou réalité, quand je me retournais pour croiser leur regard surnaturel, je constatais, soulagée, que les silhouettes que j'étais persuadée d'avoir vues s'étaient évanouies dans le néant.

Selon certaines théories parapsychologiques, les fantômes sont irrésistiblement attirés par les champs électromagnétiques, ce qui expliquerait pourquoi ils rôdent à proximité des centrales électriques, des antennes de télécommunications et des laboratoires scientifiques. Le mystère de cette attraction n'a pas été élucidé, mais ceux qui s'y sont intéressés soutiennent que ces êtres – que certains appellent les *shadow people,* « les personnes-ombre » – se nourrissent des ondes invisibles qui traversent l'espace. Les manifestations de personnes-ombre sont d'autant plus déconcertantes que celles-ci ont l'étrange manie de se laisser apercevoir toujours et uniquement du coin de l'œil : dès qu'on essaie de les regarder directement, elles s'évanouissent aussitôt comme fumée dans l'air. L'aspect le plus inquiétant de ces apparitions tient à leur faculté d'évoluer dans un espace insaisissable. Elles ne résident ni dans le monde du dehors ni dans notre imagination, mais semblent se nicher dans un lieu mystérieux, à l'intérieur de nos yeux. Plutôt que de nous renseigner sur les fantômes, ce phénomène me paraît suggérer un aspect bien plus dérangeant : s'il existe des substances paranormales capables de loger dans les marges de notre regard, cela signifie que notre regard n'est pas une mince fenêtre lumineuse sur le monde, mais un espace suffisamment vaste pour accueillir des ombres.

Pour moi, l'aspect le plus intéressant de l'étude des fantômes est que les manifestations de spectres ont changé au cours de l'histoire, s'adaptant aux angoisses des différentes époques. Le monde des esprits entretient, du reste, un lien très étroit et profondément ambivalent avec l'objectivité scientifique, car il sert de réceptacle à la peur de tout ce qui se soustrait obstinément au domaine du savoir. Si ce peuple de fantômes échappe toujours au regard scientifique, il semble toutefois élargir sa portée grâce aux moyens technologiques censés percer ses secrets. Ainsi, les voix spectrales qui autrefois nous parlaient dans les interférences de la radio infestent aujourd'hui les intelligences artificielles des *chatbots*; les esprits qui planaient sur les plaques photographiques réapparaissent dans les vidéos des caméras de surveillance; les fantômes qui peuplaient nos cauchemars se promènent dans les couloirs des accélérateurs de particules. Plus le progrès technologique accroît la faculté d'observer et de contrôler le monde invisible, plus ce même monde se peuple d'ombres.

Si j'ai choisi de parler de fantômes au début d'un livre consacré au rapport complexe entre les technologies et les corps des femmes, c'est avant tout pour des raisons liées à l'histoire. La période qui va de 1860 à 1914 (que je nommerai, par souci de concision, la Belle Époque) correspond à l'âge d'or du spiritisme, un mouvement culturel qui a développé un ensemble de pratiques et de théories dans le but d'établir un contact entre le monde matériel des corps et le monde immatériel des esprits. C'est aussi durant la Belle Époque que le savoir scientifique a élaboré les premières modalités d'intervention biotechnologique pour surveiller le corps et la sexualité des femmes, par la diffusion des études cliniques sur l'hystérie. À partir des années 1860, le neurologue Jean-Martin Charcot exerce dans l'ancienne prison pour femmes de la Salpêtrière, devenue asile psychiatrique après la Révolution. Là, il a eu accès à des centaines de femmes internées pour ses recherches sur l'hystérie, une maladie considérée comme la « bête noire[1] » de la médecine d'alors, notamment parce qu'on ne réussissait pas à assigner une origine matérielle et définie aux troubles qu'elle suscitait chez ses victimes. Aux États-Unis, presque en même temps que les travaux de Charcot, la gynécologie contemporaine s'affirmait en tant que science grâce à l'expérimentation, souvent éthiquement discutable, de nouvelles pratiques et de nouveaux dispositifs technologiques, notamment le spéculum gynécologique. Comme nous le verrons, ces savoirs s'enracinent dans une histoire d'oppression sexiste et de violence coloniale ; ce sont les ancêtres d'une lignée de technologies de genre qui ont agi et continuent d'agir sur le corps des femmes en le soumettant à une forme de contrôle politique d'autant plus insidieuse qu'elle s'exerce directement sur la matière biologique qui le compose.

On a souvent décrit la Belle Époque comme une période paradoxale obsédée par l'objectivité scientifique tout en étant fascinée par le monde des esprits ; toutefois, la concomitance entre la diffusion du spiritisme et la transformation du corps féminin en objet d'étude scientifique n'est pas une coïncidence. Dès ses origines, le spiritisme a été marqué par une forte connotation de genre et une prédominance des femmes. Dans le cadre de la séance de spiritisme, le corps féminin se transformait en entité fantomatique, un objet inquiétant capable de se soustraire au même regard scientifique qui, dans la clinique psychiatrique et sur la table gynécologique, semblait pouvoir le contrôler. Les médiums n'étaient pas seulement des femmes qu'on croyait capables de communiquer avec les âmes des morts, on considérait aussi qu'elles pouvaient produire, par la médiation de leurs propres corps, ce qu'on désignait comme des « phénomènes de matérialisation ». L'ectoplasme, un mystérieux matériau amorphe généré par les médiums pendant les séances, devint bientôt l'un des protagonistes du débat scientifique de l'époque, sans doute parce que sa nature évanescente et protéiforme renvoyait, selon la médecine, aux aspects les plus obscurs et les plus inquiétants du corps féminin.

De nos jours, le rapport de la science et de la technologie au corps des femmes nous semble évidemment plus pacifié qu'au XIXe siècle ; les pratiques violentes associées au traitement de l'hystérie ont été abandonnées, les origines esclavagistes et racistes de la gynécologie moderne, oubliées. Pourtant, nos corps sont de plus en plus traversés par le regard des dispositifs technologiques, qui se révèle, encore aujourd'hui, profondément ambivalent. Dans ce contexte, les ectoplasmes des spirites du XIXe siècle sont plus qu'une simple curiosité historique : ils sont à la fois le produit de l'obsession patriarcale du contrôle des corps, et l'expression symbolique d'une créativité qui déjouait des frontières définies par les savoirs institutionnels et surveillées par les technologies. Les séances, tout comme les corps des médiums qui les orchestraient, étaient un champ de bataille où le regard scientifique s'exposait à l'incursion de fantômes, et où les phénomènes paranormaux étaient à leur tour soumis à l'examen des outils technologiques. Tandis que la médium communiquait avec les esprits, l'espace de la séance était surveillé par une armée de regards braqués sur le corps féminin, désireux d'en révéler la vérité cachée. Dans un renversement de cause à effet, l'obsession d'objectivité qui poussait les scientifiques à étudier les phénomènes de matérialisation spirite en a stimulé la prolifération, transformant la séance en un laboratoire subversif de technologie féministe.

Une biologie des esprits

Dans son ouvrage *Hypnotisme et spiritisme,* écrit peu avant sa mort et publié à titre posthume, Cesare Lombroso a rassemblé toutes ses études sur les phénomènes paranormaux menées entre 1882 et 1908[2]. C'est sa rencontre avec le spiritisme, dont le livre est un minutieux compte-rendu, qui l'a conduit vers ce qu'on décrit souvent comme une improbable conversion : l'irréductible positiviste est devenu un ardent défenseur de la réalité des phénomènes spirites. Lombroso était un des scientifiques les plus célèbres et les plus reconnus de son époque et, comme d'autres chercheurs de son temps, il a participé à une période de l'histoire de la science où la matière et l'énergie, les corps et les esprits commençaient à fusionner. On ne peut véritablement comprendre les ombres et les lumières de la Belle Époque sans considérer la densité des découvertes cruciales qui l'ont traversée. Au cours de sa vie, Cesare Lombroso a assisté à la découverte des rayons X (1895) ; à la naissance de la science des phénomènes radioactifs, avec la découverte de la radioactivité de l'uranium par Henri Becquerel (1896), et de celle du polonium par Marie et Pierre Curie (1898) ; à la découverte du chromosome comme siège de l'hérédité biologique (1902) ; à la première démonstration de l'existence des atomes (1905). Cette expansion explosive des moyens scientifiques d'observation et de compréhension des forces invisibles de la nature fut aussi une source d'inquiétude épistémologique : chaque aspect de la réalité devait être observable et représentable grâce aux outils de la science, mais la prolifération des outils d'observation ne faisait que repousser toujours plus loin la frontière de l'inconnaissable.

Les études d'anthropologie criminelle qui ont fait la célébrité de Lombroso aspiraient à identifier à tout prix le fondement concret et mesurable des déviances de l'esprit. La théorie de l'« atavisme », qu'il a plusieurs fois intégrée et révisée au cours de sa vie, reposait sur l'idée que le comportement criminel était intrinsèquement lié à la biologie du corps : ceux qui commettaient les pires délits[3] étaient les individus les plus « primitifs », c'est-à-dire dotés de caractéristiques anatomiques perçues comme des reliquats de l'évolution de l'espèce humaine. Pour un scientifique positiviste comme Lombroso, la rencontre avec le spiritisme constituait un défi sans précédent, car elle offrait l'occasion d'étendre le domaine de l'objectivité scientifique aux phénomènes paranormaux et aux corps invisibles. Paradoxalement, le positivisme de Lombroso a été l'allié idéal du spiritisme : sa recherche d'un fondement rationnel aux phénomènes spirites en a fait une machine productrice de fantômes.

Née en 1854 dans une famille très pauvre, Eusapia Palladino passa les premières années de sa vie à travailler comme domestique à Naples avant de devenir une des médiums les plus célèbres et les plus estimées d'Europe. Comme Lombroso le raconte dans son livre, l'entrée d'Eusapia Palladino dans le monde du spiritisme relève de la légende : durant une séance de spiritisme à Londres, l'esprit du pirate John King aurait mentionné le nom de Palladino au savant Giovanni Damiani, lequel, de retour à Naples, aurait cherché à la rencontrer[4]. Eusapia Palladino est un personnage ambigu : si elle peut être considérée comme une victime du regard qui exhiba et étudia son corps tout au long de sa vie, la transformant tour à tour en objet scientifique et en monstre de foire, il n'en demeure pas moins que ce regard ne fut jamais à même de la comprendre et de la contrôler entièrement. Dans une « interview impossible » avec elle, l'écrivain Giorgio Manganelli la décrit comme une « crise en son siècle : ce XIXe siècle dépourvu de tendresse pour l'absurde[5] ». Palladino fut l'une des plus fascinantes protagonistes du spiritisme, précisément parce qu'elle dirigea et désorienta un débat scientifique auquel elle n'aurait jamais pu participer directement à cause de son origine sociale et de son identité sexuelle. C'est elle qui, lors d'une séance de spiritisme organisée à Milan en 1892, convainquit définitivement Lombroso de la validité des phénomènes spirites auxquels il s'était opposé toute sa vie.

Le troisième chapitre d'*Hypnotisme et spiritisme* est entièrement consacré à la « physiopathologie d'Eusapia » : c'est un compte-rendu exhaustif d'une série d'« études cliniques » méticuleuses, pas toujours motivées, que Lombroso a menées sur le corps de la médium. Les premières lignes du chapitre nous apprennent qu'« elle ne présente à première vue rien d'anormal, si ce n'est une touffe de cheveux blancs entourant une cavité du pariétal gauche[6] », blessure dont la médium elle-même semble ignorer l'origine. La présence de cette déformation visible sur la tête de Palladino est particulièrement significative étant donné l'obsession proverbiale de Lombroso pour la phrénologie, c'est-à-dire l'étude de la corrélation entre morphologie crânienne et comportement criminel. Mais sous le regard clinique de Lombroso, la blessure de la médium est aussi une fente de nature ambiguë, dont les descriptions ont toujours une tonalité clairement érotique. En outre, dans les comptes-rendus de Lombroso, le lien intime entre séance de spiritisme et sexualité féminine s'exprime dans les références répétées aux états d'extase de la médium, à l'expression pendant sa transe d'« accès morbides [qui vont] jusqu'à la folie hystérique », et au fait qu'elle « entre en convulsions et crie comme une femme en couches[7] » au moment où les phénomènes spirites se manifestaient. Les fluides corporels de Palladino font l'objet d'une surveillance particulière ; Lombroso note que pendant la communication avec les esprits « ses diverses sécrétions augmentent » : sueur, larmes, et même menstrues. À la fin de ce processus aux caractéristiques quasi orgasmiques, Lombroso observe que Palladino « tombe dans un sommeil profond, pendant lequel on voit sortir de son corps un fluide chaud sensible au toucher[8] ».

Le médecin Charles Richet, prix Nobel de médecine en 1913 pour ses recherches sur l'anaphylaxie, participa avec Lombroso aux études des phénomènes « métapsychiques » d'Eusapia Palladino. Parmi les scientifiques de l'époque, Richet fut un autre fervent défenseur du spiritisme. Les résultats de ses recherches acharnées sont rassemblés dans un ouvrage intitulé *Traité de métapsychique*, publié en 1922 et comprenant plus de 600 pages de descriptions et de spéculations sur les manifestations spirites observées lors de ses rencontres avec les plus célèbres médiums d'Europe[9]. C'est Richet qui, après avoir assisté aux matérialisations produites par Palladino, utilisa pour la première fois le terme « ectoplasme » pour désigner les « matières ayant l'apparence de la vie[10] » que le corps de la médium semblait sécréter. Dans le livre de Richet comme dans les comptes-rendus de tous les autres chercheurs qui en ont observé l'existence, la nature de l'ectoplasme n'est jamais totalement élucidée. La plupart des descriptions insistent sur sa consistance fluide, gélatineuse ou vaporeuse, sur sa sensibilité au toucher et à la lumière, sur l'autonomie de ses mouvements et sa propension, souvent inaboutie, à s'organiser spontanément en une forme vivante d'apparence humaine. Malgré son statut de « matériel métaphysique », l'idée de l'ectoplasme s'insérait dans la mouvance de la biologie de l'époque qui s'interrogeait sur la plasticité des corps vivants et sur les modalités d'organisation de la matière organique en formes complexes[11]. À partir des années 1860 et jusqu'à la fin du siècle, le « protoplasme » – un terme générique désignant la substance vivante contenue dans la membrane cellulaire – avait suscité un intérêt grandissant chez les biologistes, qui considéraient cette matière amorphe comme la base des processus de formation et de reproduction de la vie. C'est pour cette raison que, parmi les nombreux savants qui défendaient les théories ectoplasmiques de la matérialisation spirite, figurait le biologiste Hans Driesch, célèbre pour ses études sur la morphogenèse des embryons d'oursins. Driesch était persuadé que l'ectoplasme constituait une sorte de chaînon manquant entre la matière et l'âme, et estimait que la production d'ectoplasmes par les médiums devait être étudiée comme une nouvelle branche de la biologie qu'il nommait « embryologie paranormale[12] ».

Ce que je trouve le plus fascinant dans le spiritisme du XIXe siècle et qui contraste, dans une large mesure, avec ses expressions plus récentes, c'est la matérialité des apparitions paranormales. Si les représentations contemporaines des esprits insistent sur leur absolue immatérialité – qui leur permet de flotter dans l'air, de traverser les murs, de devenir invisibles –, les fantômes de la Belle Époque étaient constitués de matière vivante directement reliée à l'organisme des médiums; en outre, leurs descriptions rappellent des simulacres de corps biologiques embryonnaires et malformés. L'intérêt de Lombroso pour Eusapia Palladino se raccordait au projet explicite de fonder, comme l'indique le titre du chapitre 14 d'*Hypnotisme et spiritisme,* une « biologie des esprits[13] », c'est-à-dire une discipline capable d'examiner scientifiquement, grâce aux technologies les plus avancées, les corps les plus ténus et invisibles. On associait le spiritisme à la biologie reproductive parce que ses pratiques interrogeaient et problématisaient, de façon performative, les processus matériels et discursifs à travers lesquels les corps acquièrent leur identité. Les ectoplasmes éclairaient le plus grand mystère du corps féminin, celui de l'embryogenèse, en le projetant comme une échographie spectrale hors des frontières de l'utérus; ils étaient aussi l'incarnation matérielle et tangible de la sexualité des femmes, un secret qui semblait enfin se livrer au regard de la science. Je ne crois pas qu'il soit nécessaire de souligner que l'ectoplasme, en tant que substance biologique capable de matérialiser les fantômes, n'a jamais vraiment existé: aucune des innombrables observations dont il a été l'objet n'a produit de preuve convaincante de la réalité de ses manifestations. Après avoir lu des dizaines de pages des comptes-rendus de Lombroso et Richet, je n'ai pu m'empêcher de penser que leur faculté de jugement avait été altérée par le besoin impérieux de défendre une conviction absurde, comme si comprendre la nature de l'ectoplasme était une condition nécessaire à la validation d'un projet scientifique dépassant largement la question de la communication avec les morts. L'ectoplasme incarnait la possibilité d'accéder aux plus grands mystères de la sexualité féminine, de l'embryogenèse à l'hystérie ; une sexualité de fluides ambigus et fuyants qu'il fallait contrôler scientifiquement et politiquement pour garantir l'ordre reproductif de la société blanche et bourgeoise du futur.

Sous couvert d'objectivité, le regard scientifique était, dans son rapport au spiritisme, le calque parfait du regard patriarcal : il exerçait sur le corps des médiums la même objectification violente qui caractérisait le traitement clinique de l'hystérie. La passivité totale de la médium, son statut de réceptacle inconscient des esprits, l'exposition complète de son corps au regard de la médecine étaient indispensables au succès de l'entreprise scientifique. Charles Richet lui-même convient que « pendant vingt-cinq ans, Eusapia, avec une admirable complaisance, s'est prêtée à toutes les investigations scientifiques, même *les plus saugrenues*[14] ». Pourtant, derrière le rideau opaque du cabinet spirite, la fabrication des ectoplasmes, véritables « constructions biofantastiques », demandait aux médiums un travail technologique incroyablement subtil et complexe. Les corps artificiels que ces mêmes femmes assemblaient en collages grotesques de morceaux de gaze, de tissu, de papier, d'argile et de restes d'animaux dans le but de satisfaire le regard scientifique auquel elles étaient soumises leur conféraient aussi une grande marge de liberté d'expression. Dans sa relation performative avec le regard des savants, le corps des médiums, objet d'étude apparemment docile, devenait un matériau activement dissident : un hybride biotechnologique en mesure de se réapproprier le regard scientifique qui cherchait à le soumettre, afin de produire une représentation autonome de lui-même.

Iconographie du fluide invisible

Dans une séquence de deux photographies prises en 1907 par le médecin Hippolyte Baraduc, une femme émaciée gît sur un lit, allongée sur le dos, la tête enfoncée dans un grand oreiller blanc ; à sa gauche planent trois silhouettes nébuleuses et indistinctes qui, sur la photographie suivante, se fondent en une seule masse éblouissante, obstruant quasi totalement le reste de l'image. Hippolyte Baraduc, fervent adepte de spiritisme, était médecin à l'hôpital psychiatrique de la Salpêtrière où il étudiait et soignait les femmes hystériques ; mais ces photographies représentaient sa femme Nadine, gravement malade, qu'il voulait photographier au moment exact de sa mort. Par cette macabre expérience scientifique, Baraduc espérait capturer sur la plaque photographique l'instant où l'âme de sa femme abandonnerait son corps. La photographie spirite comme méthode scientifique et comme expression artistique est née dans les années 1860, lorsque le photographe américain William H. Mumler a découvert, sur une de ses photos, la figure évanescente d'une femme vêtue de blanc qui flottait à l'arrière-plan. Dès lors, le lien entre photographie et monde des esprits est devenu de plus en plus étroit, faisant de la plaque de verre le moyen privilégié pour capturer les traces des fantômes[15]. Baraduc est certainement l'un des représentants les plus intéressants de cet étrange phénomène scientifique et culturel. Dans son livre de 1896 intitulé *L'âme humaine. Ses mouvements, ses lumières et l'iconographie de l'invisible fluidique*[16], il émet l'hypothèse que l'âme est constituée d'une matière mystérieuse qu'il qualifie d'« invisible fluidique », une substance pouvant imprimer sur les plaques photographiques les traces d'une forme abstraite qu'il nomme « psychicone ». Baraduc utilise le terme « iconographie », qu'il préfère à celui de « photographie », afin de revendiquer un rapport immédiat avec les substances invisibles représentées ; selon lui, les psychicones s'impriment directement sur la plaque sans aucune intervention extérieure, dans des conditions totalement anormales pour la photographie ordinaire[17].

Le philosophe Georges Didi-Huberman s'est longuement penché sur le rapport entre la médecine de l'hystérie (inaugurée en 1862 par le neurologue Jean-Martin Charcot) et la représentation des corps à travers la technique photographique à la Belle Époque[18]. Selon lui, l'histoire de l'hystérie est un paradigme de l'ambiguïté du regard clinique, dont l'objectivité autoproclamée devient une machine à projeter des identités artificielles sur les corps étudiés. L'hystérie, que l'auteur appelle le « symptôme d'être femme[19] », était une maladie profondément ambiguë et contradictoire : c'était à la fois une construction du corps féminin comme réceptacle de forces obscures, et une tentative angoissée du savoir scientifique de le contrôler et de le dominer. « Tout symptôme hystérique, écrit Didi-Huberman, exhiba, arbora, fit étalage ! de cette aporie, pour un médecin souvent coi. Presque-farce, ricanement infernal, méchant défi du non-savoir au savoir[20]. » Les médecins soutenaient que l'utérus pouvait migrer de son siège physiologique et déclencher ainsi des symptômes hystériques, lesquels pouvaient affecter presque tous les aspects du corps et de l'esprit de la femme. À la Salpêtrière, une complicité morbide s'établit entre les médecins et leurs patientes hystériques, incitées à mettre en scène leur maladie selon les attentes du regard clinique, afin de ne pas être abandonnées ou reléguées aux « aliénées incurables ». Dans ce théâtre des horreurs, les hystériques étaient soumises à des expériences médicales à la limite de la torture : des aiguilles transperçaient chaque partie de leur corps ; elles étaient exposées à des bruits soudains et assourdissants, à des sources de lumière éblouissantes, à des séances d'« électrothérapie » durant lesquelles on leur infligeait d'intenses décharges électriques, à des séances d'hypnose durant lesquelles on leur ordonnait d'imiter des oiseaux, des chiens et d'autres animaux, à des « compressions ovariennes » supposées déclencher ou calmer les crises d'hystérie ; et dans les cas jugés très graves, elles subissaient une cautérisation du col de l'utérus et une hystérectomie.

À la Salpêtrière, Charcot se fit le promoteur d'une initiative méticuleuse de répertoriage photographique des symptômes des femmes internées, dont les images furent publiées périodiquement à partir de 1876 sous le titre : *Iconographie photographique de la Salpêtrière*[21]. Les clichés représentaient les malades, souvent anonymes ou désignées par une initiale sur une étiquette, dans une mise en scène figée de leurs symptômes hystériques, l'ensemble formant un « musée pathologique vivant », comme Charcot aimait le qualifier. L'outil photographique, dont l'objectivité paraissait incontestable, était la technologie tout indiquée pour l'invention d'une maladie qui serait utilisée pendant des décennies comme moyen de contrôle invasif du corps et de la sexualité féminine. Dans ce contexte, l'histoire de l'hystérie et celle du spiritisme se mêlent étrangement dans leur rapport à la technologie photographique, laquelle permet de soumettre le corps des femmes et les matérialisations spirites à la même « totalitaire pulsion scopique[22] » du savoir scientifique.

À l'instar des hystériques de la Salpêtrière, les médiums de la Belle Époque se retrouvèrent sous la surveillance permanente de l'œil photographique. Marthe Béraud, dont le pseudonyme était Eva Carrière, fut la médium la plus photographiée de l'histoire du spiritisme : des dizaines de photographies documentent les prodiges de ses séances de spiritisme, caractérisées par une production d'ectoplasmes jusque-là inégalée. Le personnage d'Eva Carrière est particulièrement intéressant pour éclairer le rapport ambigu entre spiritisme et sexualité féminine, et le rôle de la médiation photographique dans ce lien. Les comptes-rendus de ses séances montrent un caractère sexuel plus explicite que chez les médiums qui l'avaient précédée. Eva Carrière faisait partie d'un curieux triangle ; sa protectrice, Juliette Bisson, une veuve de la haute société parisienne, avait entrepris d'assister la jeune femme dans son parcours de médium : elle fut « son accoucheuse ectoplasmique[23] » dans tous les sens du terme, et sans doute les deux femmes entretenaient-elles une relation amoureuse ; de l'autre côté du rideau, il y avait le neurologue et sexologue Albert von Schrenck-Notzing qui de 1909 à 1913 s'était consacré à une étude des facultés paranormales de Carrière, effectuant un catalogage photographique scrupuleux des ectoplasmes qu'elle produisait.

La nature sexuelle, voire explicitement gynécologique, des séances de spiritisme de Carrière témoignait du rapport particulier entre les ectoplasmes et le corps féminin. L'ectoplasme était sécrété de préférence par la bouche, les seins ou le vagin de la médium ; c'est pourquoi Eva Carrière se déshabillait totalement pendant ses séances, invitant les assistants à examiner minutieusement son corps pour déceler un éventuel indice de trucage. Dans les comptes-rendus détaillés de ces examens gynécologiques que Schrenck-Notzing a intégrés à ses ouvrages, nous apprenons qu'avant les séances de spiritisme le médecin pénétrait plusieurs fois le vagin de la femme avec ses doigts pour s'assurer que « le passage génital n'était pas utilisé comme cachette[24] ». On retrouve aussi cette objectification sexuelle du corps d'Eva Carrière dans les lettres que Juliette Bisson envoyait à Schrenck-Notzing pour l'informer des résultats de ses séances avec la jeune médium. « Hier, j'ai hypnotisé Eva, comme d'habitude, et soudainement, elle s'est mise à produire des phénomènes », écrit-elle au médecin dans une de ses missives.

> Dès qu'ils ont commencé, Eva m'a autorisée à la déshabiller complètement. J'ai vu un fil épais sortir de son vagin. Il a changé de position, a quitté les parties génitales et a disparu dans la fosse du nombril. Une autre substance est sortie du vagin, et dans un mouvement sinueux et ondoyant, elle a serpenté le long du corps de la jeune femme, comme si elle s'apprêtait à prendre son envol. Ensuite, la substance est montée jusqu'à sa tête, est entrée dans sa bouche et a disparu. Eva s'est levée, et de nouveau une masse de matière est apparue à hauteur de ses parties génitales ; elle s'est élargie et a continué à pendre entre ses jambes. Une sorte de bande s'est levée, a commencé à se diriger vers moi, puis s'est rétractée et a disparu[25].

La nature gynécologique de l'ectoplasme, son étrange similitude avec les sécrétions vaginales qui obsédaient la médecine de l'hystérie reflète une angoisse diffuse: les corps des femmes et, surtout, leurs organes reproducteurs pourraient se soustraire au regard scientifique et se mettre à produire des formes de vie et de sexualité inconnues. Même si nous ne connaîtrons jamais leurs véritables intentions, Carrière et Bisson semblent avoir été conscientes du pouvoir de suggestion de leurs corps féminins; j'aime à penser que leurs récits, leurs performances théâtrales et leurs constructions ectoplasmiques étaient un moyen de se jouer de l'obsession de la science à maîtriser leurs corps. Par ailleurs, comme sa collègue Eusapia Palladino, Eva Carrière avait reçu le diagnostic flou de «tempérament hystérique[26]». La sexualité subversive des médiums, comme celle des autres femmes, bien plus infortunées et assignées à la même maladie, devait être élucidée et surveillée par une incessante représentation technologique de son corps.

La plaque photographique et l'ectoplasme présentaient du reste des similitudes nombreuses et insoupçonnées. La photographie de la Belle Époque reposait sur la technique du collodion humide, qui consistait à déposer une fine couche de fluide photosensible sur la plaque. Comme les ectoplasmes, les photographies étaient des matériaux fluides et sensibles, capables de saisir et de reproduire les formes des corps humains. De plus, les ectoplasmes et les plaques photographiques étaient des technologies de la pénombre: un éclairage trop intense empêchait l'ectoplasme de se former et détruisait immédiatement les photos qui n'avaient pas encore été développées. Pour cette raison, le corps d'Eva Carrière n'était éclairé que par une lumière rouge, ce qui transformait l'espace de la séance en véritable chambre noire. La proximité entre la photographie et l'ectoplasme n'était pas seulement métaphorique : afin d'être plus convaincants, les ectoplasmes que produisait Eva Carrière comprenaient très souvent des coupures de photographies. Dans un étrange jeu de miroirs, la technique photographique supposée révéler le mystère de l'ectoplasme aux savants servait à confectionner une illusion pour tromper le regard.

La photographie d'Eva Carrière sur laquelle je me suis attardée le plus longtemps[27] la représente en train d'écarter le rideau noir de son cabinet de médium, les traits du visage contractés dans une apparente grimace de douleur. Au premier plan à gauche, on aperçoit la nuque blanche de Juliette Bisson, les cheveux soigneusement rassemblés en une couronne de tresses ; elle adresse à la médium un regard qui se dérobera toujours à nos yeux : peut-être une expression de frayeur, peut-être un clin d'œil complice. Derrière la médium se dresse son ectoplasme, une grande silhouette en carton sur laquelle est dessiné assez grossièrement le visage sévère d'un homme barbu. Pourquoi, me suis-je demandé, les médiums choisissaient-elles souvent d'incarner et de matérialiser des esprits de l'autre sexe durant les séances ? Peut-être que la présence masculine, bien que fantasmatique, conférait davantage d'autorité à leurs propos ; ou alors il s'agissait de pratiques de drag *ante litteram*, d'expérimentations performatives pour se libérer du carcan d'une identité socialement imposée. En tout cas, j'ai trouvé que, dans cette photographie, le détail le plus paranormal n'était pas la matérialisation spirite, mais le corps même d'Eva Carrière. La médium surgit du rideau de velours totalement nue, et pourtant tous ses attributs sexuels sont effacés. Le photographe, par une opération chirurgicale de retouche, a transformé son buste féminin en une silhouette blanche ambiguë.

Spéculum

Dans les années 1840, le médecin américain James Marion Sims inventa presque par hasard une des technologies de genre les plus importantes de l'histoire contemporaine. Le spéculum gynécologique, que la quasi-totalité des personnes « assignées au sexe féminin à la naissance » ont expérimenté au moins une fois dans leur vie, a pris diverses formes au cours de l'histoire de la médecine, toutes conçues pour faciliter l'examen et l'intervention des médecins sur les parties génitales féminines. Sims avait pris conscience de l'utilité de cette invention le jour où il avait introduit le manche d'une cuiller en étain dans le vagin d'une de ses patientes pour faciliter un examen gynécologique particulièrement compliqué[28]. Ce qu'on appelle le « spéculum de Sims » est un outil métallique en forme de fer à cheval doté d'une rainure interne, qui permet d'écarter les parois du vagin; il fonctionnait selon le même principe que le spéculum inventé quelques dizaines d'années plus tard et plus répandu aujourd'hui, lequel dilate le vagin grâce à deux valves « en bec de canard ». Même si l'on reconnaît l'indiscutable utilité de cet outil précieux et inoffensif dans les mains des gynécologues contemporains, son aspect rigide et mécanique fait qu'on voit toujours en lui un objet typique du XIXe siècle, comme s'il avait été oublié par le passager distrait d'une machine à remonter le temps.

Aujourd'hui, Sims est une des figures les plus controversées de l'histoire de la médecine moderne. L'invention du spéculum, qui l'a consacré père de la gynécologie, est étroitement liée à une série d'horribles expérimentations chirurgicales menées sur les corps de nombreuses femmes noires qui travaillaient comme esclaves dans les plantations de l'Alabama. Tandis que ses défenseurs le célèbrent encore comme un bienfaiteur, désireux d'alléger les souffrances de personnes qui autrement n'auraient pas pu bénéficier des soins dont elles avaient un besoin urgent, ses détracteurs doutent légitimement que ces femmes aient pu consentir librement à ses interventions, et rappellent que les innombrables opérations chirurgicales de Sims – lui-même écrivit qu'il en avait effectué 30 sur le corps d'une seule esclave, Anarcha, toutes sans anesthésie – s'étaient conclues par de douloureux échecs. La violence coloniale du spéculum était aussi réelle qu'emblématique : son créateur en parlait comme d'un outil salutaire, qui ferait la lumière sur l'obscurité effrayante de la sexualité féminine en apportant un nouveau territoire de conquête à la science. En accordant au spéculum une sorte d'autonomie épistémologique par rapport à son inventeur, on pourrait soutenir que ce dispositif médical n'est autre que l'inévitable cristallisation, dans un objet technique, du rapport entre le savoir scientifique et la sexualité féminine au XIXe siècle. Des cliniques pour hystériques aux séances de spiritisme, le XIXe siècle se caractérise à la fois par le triomphe et la crise du regard scientifique sur la sexualité des femmes ; un regard qui, sous prétexte d'acquérir un savoir objectif sur les corps, a exercé sur eux une violence sans précédent.

Le spéculum témoigne du désir de la médecine d'éclairer les replis de la sexualité féminine, une obsession qui a présidé à l'invention de l'hystérie comme à la naissance de la culture du spiritisme. L'histoire de cet instrument montre aussi que, dès le départ, les technologies de genre ont été des technologies de violence raciale et de domination coloniale, et met en évidence la différence entre l'impact qu'elles ont eu sur les femmes blanches de la bourgeoisie et celui qu'elles ont eu sur les femmes noires réduites en esclavage. Les technologies comme le spéculum et le traitement de l'hystérie ont inauguré un nouveau rapport entre la science et le corps des femmes. À travers l'hystérie, la femme a été réduite à un symptôme, à un effet collatéral de sa biologie reproductive: ainsi, la question de la place à lui assigner dans la société a cessé d'être abordée d'un point de vue moral pour devenir une question biomédicale, un problème de contrôle du corps. Les violences perpétrées par la médecine sur les corps féminins au XIXe siècle n'ont pas seulement durablement entaché le rapport des femmes au savoir technicoscientifique. Elles marquent aussi et surtout le début d'une nouvelle forme de contrôle technologique des corps, voué à évoluer au cours du XXe siècle selon des modalités toujours plus subtiles et invisibles; un contrôle technologique dont le spéculum, outil de pénétration mécanique, ne représente que le premier et le plus rudimentaire prototype.

Speculum est également le titre d'un des livres les plus marquants de la deuxième vague de la pensée féministe. Publié en 1974, *Speculum. De l'autre femme*[29] est l'œuvre la plus importante de la philosophe Luce Irigaray. L'autrice fait de cet outil gynécologique la métaphore et l'incarnation de l'obsession du regard patriarcal: pénétrer et dominer l'intérieur du corps féminin. Irigaray soutient que l'inquiétude du regard masculin face à la femme révèle une peur profonde de son corps, un profond dégoût pour sa nature matérielle et fluide qui échappe à toute identité solide et à toute représentation rationnelle. Selon la philosophe, le monde dominé par un savoir technoscientifique aux prétentions totalisantes de contrôle des corps ne serait autre qu'« un monde peuplé de fantômes[30] » : fantômes que le regard masculin continue à produire avec les outils mêmes de son savoir, dans la vaine tentative de se protéger de l'altérité de la femme. Du reste, dirait Irigaray, les vagins des médiums étaient peuplés par les esprits des défunts, car, aux yeux des scientifiques occidentaux, l'utérus n'était autre qu'une tombe inquiète, un lieu souterrain de mort. Dans les années 1970, quand Irigaray publiait *Speculum,* de nombreux groupes d'autoconscience féministe organisaient des ateliers dans le monde entier pour apprendre à utiliser le spéculum en autonomie et se réapproprier ainsi le regard scientifique sur leur sexualité. Comme les médiums de la Belle Époque, ces femmes réécrivaient le récit violent que la science avait imposé à leurs corps pour créer, avec les mêmes technologies qui les avaient opprimées, une forme alternative de pouvoir et de savoir.

Chapitre 2

Pilules

Du berceau à la tombe

L'installation *Cradle to Grave* est une table d'exposition de 14 mètres de long, protégée par une vitre sous laquelle des milliers de comprimés sont disposés sur une ligne chronologique indiquant les périodes où un individu moyen les consomme au cours de sa vie. Les comprimés se répartissent en deux sections qui se déploient en parallèle de chaque côté de la table: l'une correspond à la vie d'un homme, l'autre à celle d'une femme. Réalisée en 2003 par le collectif britannique Pharmacopoeia, l'installation est exposée à la Wellcome Collection de Londres, une galerie qui rassemble divers artefacts et œuvres d'art associés aux pratiques médicales de différentes cultures du monde. Conçue pour interroger le rapport de la culture occidentale à la vie, à la maladie et à la mort, l'œuvre révèle la prépondérance de l'intervention pharmacologique dans les soins de santé, ainsi que l'augmentation graduelle et inexorable du nombre de médicaments absorbés avec l'âge. Je suis tombée sur *Cradle to Grave* presque par hasard, lors d'un séjour à Londres en 2011, peu avant mon 18e anniversaire. Je me souviens qu'à l'époque, cette œuvre m'avait tirée du mélange d'insouciance et d'ennui propre aux adolescents qui visitent les grands musées sans vraiment s'intéresser à l'art, et qu'elle m'avait profondément troublée. Sur la partie correspondant à ma tranche d'âge, le côté masculin était quasiment vide, tandis qu'une longue série de pilules roses commençait à s'enchaîner du côté féminin.

La pilule contraceptive que j'ai prise chaque jour, pendant sept ans et sans interruption, pour un total de plus de 2500 comprimés, contient 0,01 milligramme d'éthynylestradiol et 3 milligrammes de drospirénone, une quantité de principe actif à peu près équivalente au poids d'un grain de sable. J'étais encore mineure la première fois qu'on me l'a prescrite, et j'envisageais avec confiance, voire avec enthousiasme, ce qui m'apparaissait comme une étape importante de ma formation de femme. En revanche, quand j'ai décidé de l'arrêter définitivement, j'ai eu très peur, une peur que je n'arrivais pas à déchiffrer. J'ai compris bien des années plus tard que si j'étais angoissée, c'était parce que j'avais la sensation que la pilule m'avait longtemps protégée, non seulement d'une grossesse indésirée, mais aussi d'une autre menace, invisible et bien pire, liée au dangereux déséquilibre inhérent à la nature de mon corps de femme. Pour moi, ces années-là avaient été très productives, j'avais réussi à achever mon cursus universitaire et ma vie sentimentale avait connu une stabilité inhabituelle pour une jeune femme de mon âge. Portée par une sorte de pensée magique, qui ne m'appartenait sans doute qu'en partie, une part de moi était persuadée que la pilule m'avait transformée en une version plus équilibrée de moi-même, en m'épargnant ce que j'avais appris à considérer comme les dangereuses irrégularités du sexe féminin.

Sur le site web du ministère italien de la Santé, on trouve une foire aux questions dédiée à la contraception hormonale[1]. « La pilule régule-t-elle le cycle menstruel ? » demande la femme invisible qui est un peu chacune de nous, mais aucune de nous en particulier. « Oui, c'est un des effets positifs de la pilule, en plus de son action contraceptive », nous apprend la réponse d'une autorité sans nom. « La pilule contribue à réguler le cycle menstruel, à apaiser les troubles des règles douloureuses et irrégulières ; elle a de plus une action positive sur le syndrome prémenstruel. » Je ne saurais dire si ce qui m'a le plus frappée, en lisant ces échanges, est l'ambiguïté de la question ou la désinvolture de la réponse qui emploie la notion de « cycle menstruel » de façon inadéquate et sans jamais en proposer de véritable définition. Il existe plusieurs types de pilules contraceptives, mais toutes, comme je le détaillerai plus avant, agissent en supprimant le processus d'ovulation. Autrement dit, quand on prend une pilule contraceptive, on n'a aucun « cycle menstruel » à « réguler » : la prise de la pilule supprime les variations hormonales cycliques qui provoquent l'ovulation et les règles. Des termes aussi vagues que « effets positifs », « apaiser », « action positive », plus adaptés au marketing d'un complément alimentaire, évoquent tout aussi vaguement un effet bénéfique sur l'organisme, sans transmettre aux femmes la seule information importante : la pilule transforme profondément leur corps. Le recours à un langage nébuleux pour décrire l'action de la pilule contraceptive n'est pas fortuit. Sa réputation de remède miraculeux contre tous les maux féminins s'est toujours assortie d'une tendance à l'obscurantisme, en ce qui a trait à ses effets secondaires, mais aussi à son mode de fonctionnement.

Ce qui a attiré mon attention, ce n'est pas tant la mauvaise qualité de l'information que le sens profond de cette transformation du langage scientifique, fût-elle délibérée ou accidentelle. En réalité, au-delà des erreurs et des omissions, le sens de l'échange est relativement transparent : on dit aux femmes que la pilule contraceptive peut soulager les désagréments des règles en réduisant les saignements et en les rendant plus prévisibles. En effet, les pilules contraceptives sont généralement vendues en confections de 28 comprimés, dont un nombre variable, 4 à 7, sont des placebos, donc sans principe actif. La prise de ces placebos provoque un léger saignement, qu'on appelle « hémorragie de privation », et qui n'a pas grand-chose à voir avec les règles, ce processus qui mène à l'expulsion de la couche superficielle de l'endomètre au début de chaque nouveau cycle ovulatoire, s'il n'y a pas eu fécondation. Cette « simulation de règles » a une origine controversée : certains soutiennent qu'elle a été introduite pour rassurer les consommatrices quant à l'efficacité contraceptive de la pilule, ou pour créer l'illusion réconfortante d'un cycle naturel. D'autres l'associent aux convictions du gynécologue John Rock, un des inventeurs de la première pilule contraceptive : grâce à ce leurre pharmacologique, ce fervent catholique espérait convaincre les autorités religieuses du caractère peu invasif de la pilule contraceptive, et la rendre acceptable pour les femmes chrétiennes. Quelle que soit leur origine, les comprimés placebos semblent répondre davantage à une nécessité philosophique qu'à une appréciation pharmacologique : à ce jour, toutes les études cliniques s'accordent sur le fait que l'hémorragie de privation est totalement inutile[2] d'un point de vue médical. Même s'il peut sembler pédant de souligner cette ambiguïté, je crois que l'introduction du placebo dans la pilule révèle un aspect fondamental du rapport entre les technologies de genre et le corps des femmes. La construction pharmacologique et culturelle de la pilule montre – plus que tout autre dispositif technologique – que la nature du sexe féminin n'est pas un fait, mais un artefact : un dogme culturel avant d'être une donnée biologique, préservé par tous les moyens nécessaires, quitte à se vautrer dans le paradoxe et à utiliser la technologie pour reconstituer la nature.

Comme beaucoup de jeunes filles de ma génération, j'ai commencé à prendre la pilule à 17 ans sans vraiment savoir l'effet qu'elle produisait sur mon organisme, car quand on me l'a prescrite, personne ne me l'a expliqué. Je vivais depuis quelques mois ma première relation avec un garçon, avec qui j'avais des rapports sexuels fréquents. En outre, mon cycle menstruel était devenu irrégulier à cause d'une soudaine perte de poids. Je m'étais imposé cette métamorphose pour me conformer aux pressions que mon environnement social exerçait sur mon corps, continuellement soumis aux jugements esthétiques des jeunes de mon âge et des adultes. Ainsi, en écartant toute crainte de grossesse indésirée et en ramenant mon corps à son « fonctionnement normal » en apparence, la pilule contraceptive agissait comme substitut technologique coercitif d'une éducation à la sexualité consensuelle et sûre ; elle me procurait aussi une sensation artificielle de stabilité émotionnelle en m'épargnant et en épargnant à mes proches l'effort d'un questionnement sur les causes systémiques de mes difficultés.

Si la pilule a permis aux femmes de maîtriser leur fertilité comme jamais, leur rapport à cette contraception hormonale a toujours été marqué par une culture paternaliste et infantilisante qui présente la pilule à la fois comme un contraceptif et comme une solution immédiate, presque magique, à plusieurs problèmes gynécologiques, esthétiques, psychologiques et sociaux. Bien souvent, les consommatrices ne sont pas pleinement informées des risques et des effets secondaires, physiques et psychologiques, de la pilule - d'autant que nombre de ces effets indésirables n'ont toujours pas été identifiés avec certitude ni totalement compris. La confusion de nombreuses utilisatrices de la pilule n'est donc pas un problème de négligence, mais la preuve que, sur le plan individuel et collectif, on considère que le consentement éclairé des femmes à un traitement pharmacologique invasif n'est pas indispensable face à l'autorité d'un savoir institutionnel qui voudrait décider à leur place, mais ne peut pas.

L'historienne de la médecine Elizabeth Siegel Watkins a révélé comment, à partir des années 1990, le marketing de la pilule aux États-Unis a progressivement déplacé l'attention vers les bienfaits secondaires du médicament : effets cosmétiques, comme le traitement de l'acné, et avantages en termes d'organisation de la vie quotidienne, notamment pour les vacances[3]. Ainsi, la pilule serait peu à peu passée de méthode de contraception à *lifestyle drug,* comme on appelle les médicaments qui, pour reprendre une citation de Watkins, « se situent dans la zone frontière entre une définition *médicale* et une définition *sociale* de la santé[4] ». À l'instar des produits pharmaceutiques minceur ou anti-âge, les *lifestyle drugs* ne répondent pas à des besoins médicaux spécifiques ; leur action consiste à proposer un modèle, souvent arbitraire et culturellement construit, de style de vie « sain ». Dans le cas des contraceptifs hormonaux, l'exemple le plus frappant est la pilule Yaz – commercialisée par Bayer aux États-Unis en 2003 et arrivée en Italie en 2007 – et son slogan : « *Beyond birth control* » (Au-delà de la contraception). La campagne publicitaire montrait de jeunes femmes souriantes assénant des coups de poing et de pied aux inconvénients associés aux règles : « ballonnements », « sautes d'humeur », « acné », « fatigue ». Les publicités ont été retirées en 2009, à la suite de l'intervention de la Food and Drug Administration qui jugeait qu'elles incitaient à utiliser la pilule hors du cadre pour lequel elle avait été approuvée, en en minimisant les risques et en en surestimant les bénéfices. Bien que cette campagne publicitaire n'ait pas touché le public italien (en Italie, la publicité est autorisée seulement pour les médicaments en vente libre), la pilule comme *lifestyle drug* a certainement eu un impact sur les modalités de prescription des contraceptifs hormonaux aux jeunes femmes. À l'échelle mondiale, une des conséquences les plus inquiétantes de ce phénomène est la quasi-interruption de la recherche de nouvelles technologies mieux adaptées aux besoins des femmes et avec moins d'effets secondaires ; tous les efforts se sont concentrés sur le *rebranding* de médicaments formulés il y a plus de cinquante ans.

En passant du statut de contraceptif – un médicament limité à la sphère sexuelle – à celui de dispositif de régulation sociale et biologique totalisant, la pilule a pu exercer un contrôle sans précédent dans l'histoire de la technologie sur tous les aspects de la vie et de l'identité féminines. Le nouveau visage de la pilule comme alliée de la « beauté » et du « bien-être » a eu d'inquiétantes répercussions sur le rapport des jeunes femmes à leur corps. Ayant moi aussi absorbé ce récit culturel implicite mais persistant, j'ai très vite appris, adolescente, que mon corps était le réceptacle de fluctuations imprévisibles et dangereuses : les changements d'humeur, la difficulté à prévoir le début des règles, les transformations esthétiques, même minimes, qui pesaient lourdement sur ma vie sociale et affective. Les adolescentes grandissent avec le sentiment autopunitif que leur corps, et en particulier les hormones qui le traversent, sont des forces invisibles aux pouvoirs occultes, un obstacle à la réalisation de leur véritable identité sociale, et donc un ennemi à abattre. Dans ce contexte, la pilule apparaît donc comme une solution immédiate à cette misogynie structurelle ; et tout en y remédiant sur le plan individuel et subjectif, elle ne remet jamais en question ses causes culturelles, mais continue à la renforcer et à la reproduire.

La théorie féministe a souvent utilisé le terme « somatophobie » pour qualifier l'idée, très répandue dans la culture occidentale, que le corps est un aspect secondaire, voire hostile, de l'identité de l'être humain. Dans cette culture somatophobique, le rôle de la pilule est profondément ambigu. D'un côté, on la présente comme une technologie capable de « réguler » les corps irréguliers en construisant artificiellement un modèle « naturel » auquel les corps doivent se conformer pour ne pas être considérés comme pathologiques. L'artifice pharmacologique de l'hémorragie de privation le prouve : dépourvu de fonction proprement médicale, il crée l'illusion de règles « naturelles » et instaure en même temps un modèle irréaliste de cycle menstruel, à la fois invisible, programmable et toujours égal. D'un autre côté, la pilule incarnerait une technologie qui « triomphe » de la nature, permettant aux personnes de s'émanciper d'une biologie sexuelle contraignante, toujours présentée comme la seule ennemie véritable[5]. Ceci étant posé, je ne peux m'empêcher de penser que la recherche d'une solution pharmacologique au « problème » de la féminité est peut-être une façon détournée de légitimer les structures sociales et politiques oppressives qui font qu'il est si difficile d'habiter le monde dans un corps de femme.

Je tiens à préciser que cet ouvrage ne vise aucunement à diaboliser l'usage de la pilule : je suis convaincue que la contraception hormonale est un choix adéquat et légitime pour un grand nombre de personnes, indépendamment des raisons qui le motivent. Le véritable enjeu est le suivant : au-delà de toute considération morale, une pilule contient bien plus qu'un principe actif, c'est un dispositif imprégné de discours politiques et de significations culturelles qui révèle l'ambivalence du rapport entre technologie et corps féminin. Plus que toute autre technologie que j'ai connue dans ma vie, les parts d'ombre de son histoire et les détournements de son fonctionnement m'ont fait comprendre que les technologies ne sauraient se réduire à la simple somme de leurs causes et effets. Si la pilule contraceptive est une technologie résolument émancipatrice, qui a permis aux femmes de contrôler leur fertilité, elle a été et reste un dispositif oppressif qui met en évidence le danger de toute intervention technologique sans prise de conscience, scientifique et politique, des conséquences de celle-ci. Au-delà des modalités selon lesquelles on l'introduit dans la vie des jeunes femmes, souvent pas tout à fait conscientes des conséquences de leur choix, la pilule est une technologie de genre qui en dit long sur la construction des identités sexuelles contemporaines. D'un point de vue historique, scientifique et philosophique, elle se situe à un carrefour névralgique dans la dialectique entre technologie et nature.

Prendre la pilule, puis l'arrêter m'a obligée à me poser beaucoup de questions sur le lien entre ma biologie reproductive et mon identité ; des questions auxquelles je n'ai pas encore trouvé de réponses définitives. Avec la pilule, j'ai dû aussi me demander ce que signifiait pour moi être féministe : le féminisme revendique-t-il une fidélité absolue à la nature du corps ou l'absolue liberté de le remodeler ? Par ailleurs, notre choix se limite-t-il à ces deux options ? Une après-midi de printemps, quelques semaines après avoir arrêté la pilule, je me souviens de m'être sentie différente, comme si l'on avait soudainement haussé le volume de mes émotions, restées très longtemps à l'état de murmure. J'étais en train d'écouter une chanson que je n'avais pas entendue depuis très longtemps, le genre de morceau à la fois révolté et romantique que j'aimais tant à l'adolescence et que j'avais oublié pour une raison quelconque. « *So give me all your poison, and give me all your pills* », criait la voix dans mes écouteurs. « *You're running after something that you'll never kill*[6]. »

Les outils du maître

Dans le documentaire *La operación* (1983), la réalisatrice Ana María García recueille les témoignages de nombreuses femmes portoricaines ayant subi des opérations de stérilisation entre les années 1950 et 1960. Beaucoup de femmes interviewées déclarent avoir été opérées sans leur consentement, d'autres avoir été trompées sur la réversibilité de l'intervention. En 1937, sous la pression des États-Unis, Porto Rico a légalisé la stérilisation comme mode de contrôle de la population, et les Portoricaines ont été stérilisées en masse : au cours des années 1980, près d'un tiers des femmes en âge de procréer ont accepté, plus ou moins en connaissance de cause, de se soumettre à *la operación.* Cet épisode, considéré comme l'une des pages les plus sombres de l'histoire des États-Unis, éclaire mieux que tout autre la complexité des rapports de force qui se sont exercés sur le corps des femmes à travers les technologies contraceptives[7].

La rhétorique de la surpopulation, qui s'est emballée en Occident dans les années 1930 avec les théories eugénistes et a été remise au goût du jour après la fin de la Seconde Guerre mondiale, prétendait que la principale cause de pauvreté dans les pays du tiers monde était la croissance exponentielle et incontrôlée de leur population. Ce point de vue, baptisé « néomalthusianisme », du nom de l'économiste Thomas Malthus qui l'exposa pour la première fois au XVIIIe siècle, a servi à occulter la responsabilité de l'Occident dans la domination et l'appauvrissement des anciennes colonies. L'idéologie du contrôle des naissances était aussi étroitement liée à la propagande anticommuniste de la guerre froide, selon laquelle l'appauvrissement de la population combiné à la croissance démographique empêchait l'accumulation du capital nécessaire au développement économique des pays les plus pauvres et les poussait vers le communisme. Planned Parenthood, la plus célèbre association de défense des droits reproductifs encore active aux États-Unis, diffusait dans les années 1950 un opuscule propagandiste illustrant clairement cette théorie : « La plupart des responsables politiques américains sont convaincus que la planification des naissances *dès aujourd'hui* est essentielle pour stopper le communisme et préserver la paix. » À droite figurait une carte du monde avec l'URSS et la Chine au centre, faucille et marteau sur fond noir; tout autour, beaucoup de pays (dont l'Italie) étaient couverts de petits points noirs: selon la légende, la population de ces zones-là était sur le point de dépasser les ressources alimentaires. « Regardez les faits. Tirez vos conclusions[8] », disait le fascicule.

Dans ce contexte, Porto Rico constituait pour les États-Unis un laboratoire à ciel ouvert pour tester les stratégies et les technologies de contrôle démographique. Ce n'est pas un hasard si c'est sur cette île que l'entreprise pharmaceutique américaine G.D. Searle a choisi de mener, de 1956 à 1959, la première expérimentation humaine à grande échelle de la pilule contraceptive. L'éthique de cette opération était hautement douteuse: les femmes recrutées dans les quartiers les plus pauvres de la capitale San Juan n'étaient pas informées du stade expérimental du médicament; elles étaient exposées à des effets secondaires graves, notamment parce que le dosage hormonal du premier prototype de pilule contraceptive, commercialisé peu après sous le nom d'Enovid, était beaucoup plus élevé que dans les pilules actuelles. Nombre de femmes se sont retirées de l'expérimentation, se plaignant d'effets secondaires lourds largement sous-estimés par les chercheurs; un article scientifique publié durant la phase d'expérimentation déclarait que les effets indésirables associés à la prise de la pilule, purement psychosomatiques, étaient dus à la « suractivité émotionnelle des femmes portoricaines[9] ». Selon les progressistes, les femmes portoricaines étaient victimes d'une culture machiste dont seule l'intervention civilisatrice de l'Occident pouvait les libérer ; selon les conservateurs, ces femmes aux corps monstrueusement fertiles menaçaient d'entraîner le monde dans le chaos et la misère. En cette période historique où la contraception était encore considérée comme immorale ou illégale pour les femmes blanches, aucun État occidental n'aurait pu mener une telle expérimentation sur sa population. L'étude était une manifestation directe de la colonisation politique et technologique du corps des femmes non blanches, que l'on jugeait incapables d'une gestion responsable et autonome de leur fertilité. Toutefois, il convient de rappeler que l'expérimentation a été accueillie favorablement par les associations féministes déjà présentes à Porto Rico, qui se battaient depuis des années contre le rejet de la contraception par les nationalistes et les catholiques. Pour la plupart de ces femmes, le contrôle de la fertilité apportait un espoir d'émancipation inédit. Mais l'outil qui a permis cette émancipation est venu dans une large mesure du haut : les femmes l'ont utilisé sans réelles solutions de rechange et sans être véritablement conscientes des conséquences.

Les expérimentations de Porto Rico ont laissé une tache indélébile dans l'histoire de la pilule. Même si l'on reconnaît à celle-ci des mérites incontestables pour les femmes en matière d'autodétermination reproductive, le fait qu'elle ait aussi été un instrument de violence coloniale démontre que la valeur d'une technologie ne peut jamais être dissociée de la position, hégémonique ou subalterne, des corps sur lesquels elle agit. Dans les années 1970, c'est précisément l'ambivalence politique des technologies contraceptives qui a contribué à la naissance de la notion politique d'intersectionnalité. Le féminisme intersectionnel repose sur l'idée qu'on ne peut considérer les femmes comme un sujet politique uniforme et indistinct, mais que la domination de genre peut être associée à d'autres formes de domination, notamment l'oppression raciale, et produire ainsi des formes de violence spécifiques. Dans un texte de 1982 intitulé « Racisme, contrôle des naissances et libre maternité », la militante Angela Davis reprend l'histoire du contrôle des naissances aux États-Unis pour montrer comment les outils qui ont contribué à émanciper les femmes blanches et bourgeoises ont souvent été utilisés pour opprimer les femmes noires et pauvres[10]. Jusqu'aux années 1960, la diffusion d'information sur la contraception était illégale dans la plupart des États américains; pourtant, on a assisté au développement de campagnes de contrôle démographique qui, en intervenant directement sur le droit reproductif des femmes noires, visaient à enrayer la croissance de la population non blanche afin d'endiguer le prétendu « suicide de la race ». « On pousse les femmes de couleur à se faire stériliser, écrivait Davis, et l'on encourage les privilégiées [blanches] à concevoir[11]. » Le monde occidental ne s'est jamais départi de cette ambivalence: encore aujourd'hui, y compris en Europe, le discours sur les risques de dénatalité dans la population blanche va de pair avec le spectre du « remplacement ethnique ». Entre les années 1930 et 1970, la stérilisation des femmes sans leur consentement était une pratique tellement répandue dans certains États américains que les hystérectomies étaient surnommées « appendicectomies du Mississippi ». Cette violence répétée et structurelle a profondément marqué le mouvement pour les droits civiques des Afro-Américains, si bien que, dans les années 1970, certains leaders du mouvement considéraient toute technologie contraceptive comme une forme de génocide[12].

La militante féministe Margaret Sanger fait partie des personnalités qui ont incarné cette contradiction. Née dans une famille blanche et prolétaire de dix enfants, Sanger a consacré sa vie à défendre le droit à la contraception et à la planification des naissances pour combattre les horreurs de la maternité forcée et de l'avortement clandestin. En mars 1914, elle a lancé une revue dissidente intitulée *The Woman Rebel*; en première page figurait en majuscules le slogan « *No gods no masters* » (Ni dieu ni maître). La revue relayait de nombreuses batailles féministes, de l'émancipation financière aux violences policières envers les prostituées, et prodiguait aussi aux jeunes femmes de précieuses informations pratiques sur les méthodes de contraception à leur disposition. C'est pour ce genre de contenu que Sanger a été poursuivie en justice, risquant jusqu'à vingt ans de prison; après son acquittement, elle a fondé l'American Birth Control League (ABCL), rebaptisée Planned Parenthood une vingtaine d'années plus tard. Au début du moins, Sanger liait le combat contre l'oppression des femmes aux luttes ouvrières, soutenant l'intersection entre domination de genre et lutte des classes; mais à partir des années 1920, l'ABCL s'est peu à peu alignée sur l'idéologie néomalthusienne qui, comme on l'a vu, avait fait des droits reproductifs son cheval de bataille, jusqu'à embrasser sans ambiguïté les principes eugénistes. « Les Noirs, surtout dans le Sud, continuent à procréer de façon anarchique et catastrophique », lisait-on dans un communiqué de l'ABCL, « cette population, qui s'accroit plus vite que les Blancs, est la moins apte à élever les enfants correctement[13] ».

Comme beaucoup de féministes de sa génération, Margaret Sanger accordait une confiance aveugle au progrès technologique, seule possibilité d'émancipation pour les femmes, à une époque où le féminisme, presque exclusivement blanc et bourgeois, n'avait pas encore commencé à se demander si la science n'était pas, comme les institutions politiques, un bastion du pouvoir patriarcal. En revanche, les femmes noires, elles, avaient déjà éprouvé les différentes manières dont l'objectivité scientifique et les pratiques médicales prêtaient main-forte à l'oppression raciale. On ne sait pas si Sanger était vraiment raciste ou si elle croyait sincèrement au mythe de la surpopulation ; elle visait exclusivement à libérer les femmes du joug de leur biologie sexuelle, même s'il fallait, pour y arriver, se rallier à une idéologie réactionnaire.

C'est d'ailleurs Margaret Sanger qui conçut, la première, l'idée de la pilule : une méthode de contraception susceptible d'être gérée par les femmes en toute autonomie. Alors qu'elle cherchait une dotation pour financer des recherches sur la contraception, Sanger rencontra Katharine McCormick, une riche héritière ayant toujours soutenu les mouvements suffragistes et féministes. Dans les années 1950, McCormick donna des sommes considérables à l'équipe de recherche de l'endocrinologue Gregory Pincus, lequel avait commencé à tester sur des rats et des lapins l'efficacité contraceptive de plus de 200 hormones synthétiques récemment inventées. Pincus était un homme de science dépourvu de scrupules éthiques ; il jouissait d'une notoriété nationale pour les expériences sur la reproduction *in vitro* qu'il avait menées dans son laboratoire de Harvard, travaux que la plupart de ses collègues jugeaient moralement douteux et que le grand public trouvait horribles. En 1936, Pincus avait clamé avoir réussi pour la première fois à provoquer la reproduction d'un mammifère par parthénogenèse, c'est-à-dire sans fécondation par un mâle. Dans l'utérus d'une lapine, il avait installé une étrange prothèse métallique qui grâce à un système hydraulique de refroidissement intervenait directement sur les ovules dans les trompes de Fallope, déclenchant le développement spontané d'un embryon dans le corps de l'animal vivant[14]. Après la publication de ses travaux, Pincus avait été définitivement écarté de l'Université, mais il avait fondé peu après un institut pour poursuivre ses recherches. Parmi les scientifiques investis à ses côtés dans le développement de la première pilule contraceptive figurait le gynécologue John Rock qui, dans ces années-là à Harvard, testait déjà la progestérone, une hormone naturelle, pour traiter l'infertilité. Comme je l'ai dit au début de ce chapitre, contrairement à son collègue, Rock était un catholique convaincu, avec cette seule idée en tête: démontrer au monde et au Vatican, et contre toute évidence, que la pilule était une méthode de contraception « naturelle » de prévention des grossesses. Curieusement, ces deux scientifiques incarnent les deux faces opposées, mais complémentaires de la pilule sur laquelle ils ont travaillé: d'un côté, l'ambition de surpasser et d'améliorer la nature en supplémentant les corps vivants de prothèses et d'interventions pharmacologiques sans se soucier des conséquences; de l'autre, le désir de reproduire artificiellement le fonctionnement naturel du corps, adaptant la technologie à un modèle moral de discipline corporelle. La synthèse de ces deux visions a généré un dispositif technologique ambivalent, à la fois contraire à la nature et capable de la simuler et de la reproduire.

Lorsque Katharine McCormick constata que les résultats des premières expériences n'étaient pas assez concluants pour commercialiser la pilule, elle se montra disposée à poursuivre les recherches y compris sur des personnes non consentantes – « une cage de femmes qui ovulent » sur lesquelles expérimenter, écrivit-elle dans une lettre à Margaret Sanger en 1955[15]. Pincus continua donc ses expériences l'année suivante en utilisant comme cobayes, sans leur consentement, 15 patientes schizophrènes internées au Worcester State Hospital, ainsi que 16 patients masculins affectés de troubles psychiatriques. Les études sur les animaux avaient déjà établi que la progestérone avait aussi des effets psychologiques et qu'elle pourrait faire office de tranquillisant : cet effet secondaire servit de prétexte pour poursuivre l'expérimentation sans en révéler le véritable objectif. Le fait d'avoir choisi un groupe de patients prisonniers de la structure hospitalière permettait aux chercheurs de contrôler la régularité de la prise d'hormones et d'en observer les effets. Outre l'interruption de l'ovulation chez les femmes, les expériences menées sur les patients masculins démontrèrent que certaines hormones pouvaient freiner la production de spermatozoïdes, mais, pour une raison inconnue, cet axe de recherche ne fut jamais développé. Entretemps, l'expérimentation à grande échelle d'Enovid sur les femmes de Porto Rico avait commencé.

La pilule Enovid a été commercialisée aux États-Unis dans les années 1960 ; quelques années plus tard, ses effets secondaires faisaient déjà l'objet d'un virulent débat scientifique et public. La phase d'expérimentation de la pilule sur les humains avait été trop brève pour en évaluer l'impact éventuel sur l'incidence de certaines pathologies, notamment les maladies à longue période de latence comme les cancers. Des années 1960 à nos jours, des centaines d'études cliniques sur les risques liés à la pilule se sont succédé, toutes focalisées sur l'augmentation des risques de thrombose et de certains types de cancer. Les résultats se sont souvent contredits entre eux, dans un débat qui était et qui reste trop spécialisé pour permettre aux consommatrices d'y participer. Aujourd'hui, il y a un consensus scientifique à peu près général sur le fait que les œstrogènes présents dans les pilules combinées peuvent accroître les risques de thrombose et de cancer du sein et du col de l'utérus, même si les femmes en âge de procréer sont typiquement moins sujettes à ces pathologies. Mais si, d'un point de vue bioéthique, on peut évaluer les risques d'un médicament à l'aune du risque objectif de la maladie qu'il est censé soigner, le calcul est nécessairement plus subjectif et plus complexe pour la contraception hormonale. Dans l'histoire de la médecine, la pilule est le premier médicament conçu pour être administré de façon régulière à des personnes en parfaite santé. La perception du risque lié à sa prise ne peut être dissociée de la signification culturelle et personnelle d'une grossesse indésirée, dont le coût dépend à son tour du contexte social, économique et politique dans lequel se trouve chaque femme. Et, surtout, le choix d'accepter ou non les risques associés à la pilule est indissociable de la présence, ou plutôt de l'absence, d'autres technologies de contraception. Depuis l'apparition de la pilule, les femmes qui l'ont utilisée n'ont eu de cesse d'en souligner l'inadéquation, mais, pour de nombreuses raisons, l'industrie pharmaceutique n'a jamais tenu compte de ces problèmes.

La naissance de la pilule a donc été le résultat d'une convergence de connaissances scientifiques, de revendications sociales, de politiques démographiques et de conflits géopolitiques. Que reste-t-il de ce tumulte dans les molécules invisibles qui la composent ? Pour raconter l'histoire d'une technologie, il ne suffit pas de retracer la chronologie de son invention, il faut aussi tracer une carte des dynamiques matérielles et immatérielles, scientifiques et sociales qui ont contribué à lui donner forme. Je ne crois pas que les technologies soient véritablement « inventées » par l'humain : comme les cristaux, elles se condensent spontanément dans leur milieu lorsque les conditions nécessaires sont réunies. Leur évolution dans le temps n'est pas si différente de celle des organismes vivants ; si elles gardent souvent les traces du contexte où elles se sont développées, on ne peut jamais savoir exactement dans quelle direction elles vont évoluer. Contrairement aux organismes vivants, les objets technologiques n'ont pas de code génétique, mais quelque part dans leur structure cachée ils conservent peut-être la mémoire de leur créateur, sans être condamnés pour autant à lui être fidèles pour toujours. En 1979, la poétesse et militante Audre Lorde fit un appel destiné à rester dans l'histoire : « Ça veut dire quoi d'utiliser les armes d'un patriarcat raciste pour analyser les fruits de ce même patriarcat ? Cela veut dire que seuls les périmètres de changement les plus restreints sont possibles et autorisés. *Car les outils du maître ne détruiront jamais la maison du maître.* Ils peuvent peut-être nous donner la possibilité, momentanément, de le battre à son propre jeu, mais jamais ils ne nous permettront de provoquer un véritable changement[16]. »

Sans doute parce qu'il pointe du doigt l'ambivalence diffuse que le féminisme – pas plus que d'autres mouvements politiques radicaux – n'a jamais vraiment résolue, quarante ans plus tard, cet appel a encore le pouvoir d'enflammer les esprits en posant la question suivante: peut-on vraiment s'émanciper en reprenant les outils qui en des temps, des lieux ou des contextes sociaux plus ou moins lointains ont servi à exercer des formes de violence systémiques? Sur le plan des technologies de genre, le fait que la pilule ait à la fois une histoire problématique et un indiscutable pouvoir d'émancipation révèle toute l'urgence de la question. Dans un dialogue imaginaire entre deux générations de féministes, une Margaret Sanger désenchantée aurait répondu à l'accusation d'Audre Lorde en arguant qu'un objectif aussi noble que celui de garantir aux femmes un contrôle libre et individuel de leur fertilité justifiait les moyens, aussi racistes et violents eussent-ils été; elle aurait peut-être même soutenu que les femmes blanches en position de pouvoir avaient le devoir moral de guider les femmes noires et pauvres vers une autodétermination qu'elles n'auraient jamais pu obtenir seules. La question est de savoir si les technologies sont imprégnées des idéologies qui les ont produites, et donc condamnées à les répéter éternellement, ou si ce sont des outils neutres, au-dessus des rapports de pouvoir, fruits de la pure objectivité scientifique. Seule une féministe du futur saurait nous dire s'il est possible d'imaginer une troisième réponse.

Sexe moléculaire

La diosgénine est une molécule organique produite par les racines de certaines plantes; on en trouve en grande quantité dans la racine de la *Dioscorea mexicana,* un arbuste qui pousse spontanément dans les forêts tropicales de l'Amérique centrale. Sa structure moléculaire est un squelette formé de trois anneaux de six atomes et d'un anneau de cinq atomes de carbone reliés entre eux. Cette structure est très proche de celle des stéroïdes, une classe de composés ayant une action de régulation des fonctions physiologiques fondamentales, dont l'activité reproductive. Toutes les molécules communément appelées « hormones sexuelles », c'est-à-dire la testostérone, la progestérone et les œstrogènes, sont des stéroïdes. Dès leur découverte, on a classé les hormones sexuelles en « hormones masculines » et « hormones féminines » ; la testostérone, d'un côté, et les œstrogènes, de l'autre, ont été immédiatement désignés comme le distillat moléculaire des deux identités sexuelles. Or toutes ces hormones sont présentes en quantité variable dans le corps de chaque personne, indépendamment du sexe ; elles se permutent par de simples réactions chimiques. Leur concentration dans le sang baisse et augmente au cours de la vie, de manière difficile à prévoir : selon notre âge, si nous avons eu des enfants ou pas, notre vie sentimentale et les médicaments que nous prenons. Dans le cas de la testostérone, la plus imprévisible de toutes, sa quantité dans le sang varie également en fonction du temps qui s'est écoulé depuis qu'on a manié une arme à feu.

Avant que l'on découvre un procédé pour les synthétiser en laboratoire, la seule manière d'obtenir de grandes quantités d'hormones sexuelles était de les prélever plus ou moins directement à la source. À partir des années 1920, quand le monde scientifique a commencé à s'intéresser aux applications pharmacologiques des hormones, la plupart des endocrinologues ne pouvaient s'en procurer qu'en les extrayant des gonades des animaux ou des ovaires des femmes qu'ils opéraient. À cause de leurs dimensions, les organes reproducteurs des cétacés constituaient un trophée très prisé : un médecin londonien du nom d'Alan Parkes a fait l'acquisition, auprès du British Museum, des ovaires d'une baleine bleue de 70 tonnes pour en retirer les hormones à des fins scientifiques. Même l'urine, d'humains ou d'autres animaux, était une source d'hormones. Dans les années 1930, l'entreprise pharmaceutique néerlandaise Organon a récolté en quelques années des millions de litres d'urine de jument, dont l'odeur nauséabonde a suscité les protestations de la population habitant à proximité des usines. Très vite, des sociétés pharmaceutiques du monde entier ont signé des contrats avec des éleveurs et des abattoirs pour récupérer des tonnes d'urine et de déchets de boucherie, imposant un véritable monopole sur toutes les ressources en hormones naturelles disponibles[17].

Les difficultés d'approvisionnement en hormones se sont résolues à partir de 1938, quand le chimiste américain Russell Marker a mis au point une réaction qui transforme la diosgénine extraite des plantes en progestérone. Quelques années plus tard, des Mexicains ont orienté Marker – toujours à la recherche de ressources végétales en diosgénine bon marché et en grande quantité – vers la *Dioscorea mexicana*, dont la récolte a été fondamentale dans la production d'hormones de synthèse. Quand j'ai commencé à m'intéresser au fonctionnement de la pilule contraceptive, ce que je trouvais le plus confus était précisément la différence entre hormones « naturelles » et hormones « de synthèse » ; la terminologie pharmaceutique, du reste, ne m'a pas aidée à y voir plus clair. Le terme « œstrogène » fait référence aussi bien à certaines hormones endogènes, c'est-à-dire produites naturellement par le corps humain, qu'à des stéroïdes synthétiques produits en laboratoire. Les mots « progestérone » et « progestatif », souvent utilisés en synonymie, renvoient respectivement à une hormone endogène et à une classe de molécules de synthèse, proche, mais pas identique à son correspondant naturel. La première molécule testée comme contraceptif était un stéroïde de synthèse identifié sous le nom de *19-nor-17α-ethinyl testosterone* dans les premières publications scientifiques. Plus tard, on a choisi d'abandonner le terme « testostérone », strictement associé à la masculinité, pour classer la molécule parmi les « progestatifs » et la rebaptiser « norethindrone ». D'un point de vue moléculaire, la majeure partie des progestatifs encore commercialisés aujourd'hui sont des dérivés chimiques de la testostérone et non de la progestérone ; cependant, toutes ces molécules se ressemblent tellement qu'elles pourraient être simplement classées dans la catégorie des « stéroïdes », sans revendiquer d'affinité avec une hormone « naturelle ».

Les scientifiques se sont vite aperçus que la progestérone, l'hormone naturelle dont les nouvelles molécules de synthèse prenaient le nom, n'était pas un ingrédient adapté à la pilule contraceptive. D'un point de vue pharmacologique, la progestérone naturelle n'est pas absorbée par l'organisme aussi facilement que les progestatifs artificiels, ce qui rendait difficile, voire impossible, son usage contraceptif. Sur le plan commercial, le choix d'une molécule naturelle aurait empêché les industries pharmaceutiques d'en breveter l'invention, réduisant considérablement leurs profits. La première hormone de synthèse utilisée en contraception a été élaborée par des chercheurs de l'entreprise mexicaine Syntex, fondée, quelques années auparavant, par Russell Marker. Cinquante ans plus tard, le chimiste Carl Djerassi, ancien directeur de l'équipe qui a mis au point la synthèse de la molécule, expliquait que la création de la première hormone à usage contraceptif tenait à un seul atome de carbone placé entre le premier et le deuxième anneau de la structure moléculaire des stéroïdes, le 19e selon la nomenclature chimique. « D'un point de vue chimique, la seule différence entre la testostérone (un stéroïde conventionnel avec un atome de carbone en position 19) et les œstrogènes (stéroïdes aromatiques dépourvus de C-19), et donc entre l'homme et la femme, réside dans cet unique atome de carbone », a-t-il écrit[18]. Réduire le sexe à une molécule, voire à un seul atome dans une molécule, est une idée aux conséquences ambiguës : si l'identité sexuelle est uniquement déterminée par la biochimie du corps, cette même identité peut alors être arbitrairement et facilement transformée, pour peu qu'on ait des connaissances en chimie organique. Peu après, les chercheurs se sont aperçus qu'en enlevant le 19e atome de carbone de la progestérone, la molécule devenait biologiquement plus active et son efficacité contraceptive augmentait. En ajoutant deux autres atomes de carbone à la structure moléculaire au niveau du carbone 17, on obtenait une molécule capable de résister à la digestion, ce qui permettait d'administrer le médicament par voie orale sous forme de comprimé.

Le récit qui présentait les stéroïdes de synthèse de la pilule comme des molécules « féminines » et « naturelles », alors qu'ils étaient artificiels et dérivés d'une hormone sexuelle masculine, répondait à un besoin précis : il fallait adapter la nouvelle technologie pharmaceutique aux attentes culturelles de la société. Comment le public aurait-il pu accepter une pilule contraceptive pour jeunes femmes dont l'emballage aurait comporté le mot « testostérone » imprimé noir sur blanc, précédé d'une combinaison incompréhensible de chiffres et de lettres ? En se lançant dans l'aventure de la première pilule contraceptive, la science s'est confrontée à une question plus radicale que celle du contrôle de la fertilité : l'expérimentation des hormones de synthèse ébranlait pour la première fois l'idée de corps comme donnée biologique stable et dotée d'une identité rigide ; le corps s'avérait être un objet changeant, sujet à des transformations provoquées par des substances produites à l'intérieur de lui ou introduites de l'extérieur. Ainsi, rassurer le public sur l'aspect naturel des hormones de synthèse contenues dans la pilule n'était pas une simple question de marketing : c'était une opération de sauvegarde des identités sexuelles préétablies, face à une technologie susceptible de les miner de l'intérieur. Pour neutraliser toute suspicion, on diffusa en 1962 une publicité annonçant fièrement qu'Enovid était « la première molécule totalement féminine » commercialisée comme contraceptif. On ne précisait pas ce que signifiait l'adjectif « féminin » pour une molécule synthétisée en laboratoire.

Il existe aujourd'hui divers types de pilules contraceptives dans le commerce, mais elles empêchent toutes l'ovulation par le même mécanisme. Le cycle de l'ovulation est contrôlé par la combinaison de trois organes : l'hypothalamus – une structure du système nerveux central –, l'hypophyse et les ovaires. Pour déclencher l'ovulation, l'hypothalamus délivre l'hormone GnRH ou « hormone de libération des gonadotrophines ». Quand la GnRH est captée par l'hypophyse, celle-ci commence à produire deux autres hormones : l'hormone lutéinisante (LH) et l'hormone de stimulation folliculaire (FSH). Dans les ovaires, la présence de LH et de FSH active la maturation des follicules, qui génèrent des œstrogènes jusqu'à la libération de l'ovule. Une fois l'ovule libéré, le follicule devient un corps lutéal, c'est-à-dire une glande temporaire qui se met à sécréter de la progestérone. Le contrôle permanent que le cerveau exerce sur les niveaux de progestérone et d'œstrogènes dans le sang assure le cours cyclique de l'ovulation : quand l'hypothalamus détecte une quantité suffisamment élevée de progestérone, il interrompt la production de GnRH jusqu'à la diminution du taux de progestérone, ce qui correspond au premier jour des règles. Quand une personne commence à prendre la pilule, la présence constante de progestatifs dans le sang bloque le mécanisme de rétroaction qui contrôle le cycle menstruel, ce qui maintient le corps dans un état de stabilité hormonale[19]. L'un des aspects les plus intéressants du fonctionnement de la pilule est lié au fait que les hormones n'agissent pas exclusivement sur les organes sexuels, mais interviennent sur les mécanismes de notre corps de façon bien plus large. Comme une clé dans une serrure, chaque hormone endogène s'encastre dans les récepteurs spécifiques à la surface des cellules ; les récepteurs des hormones sexuelles ne se limitent pas aux organes reproducteurs, ils sont présents dans tout notre corps, y compris dans le cerveau. De plus, étant donné que les hormones synthétiques sont semblables, mais pas identiques aux hormones naturelles, leur action n'est pas exactement la même que celle des hormones endogènes. Certaines hormones de synthèse peuvent s'associer à des récepteurs autres que ceux prévus, déclenchant une cascade d'effets secondaires encore en partie inconnus.

D'un point de vue théorique, les hormones de synthèse sont d'autant plus fascinantes qu'elles agissent de façon très étroite sur les mécanismes biochimiques qui influencent notre comportement et notre identité sexuelle. Comme toutes les technologies de genre, les hormones sont des objets-frontières : elles évoluent sur l'interface entre biologie et société, et nous permettent de voir l'invisible en dévoilant les mécanismes par lesquels nos corps acquièrent leurs significations culturelles et leurs identités. Mon expérience de la pilule a pris une tournure inquiétante quand j'ai commencé à soupçonner que ma dose quotidienne de stéroïdes synthétiques avait modifié ma sexualité, mon rapport aux gens, la façon dont les gens agissaient avec moi et la façon dont j'éprouvais mes émotions. À un moment donné, j'en suis venue à penser que la pilule avait modifié mon identité de manière si radicale qu'elle avait fait de moi une autre personne. D'un côté, je convenais qu'il s'agissait là d'une conséquence prévisible : comme les hormones ont un rôle déterminant dans notre biologie reproductive, il est normal qu'une intervention sur nos équilibres hormonaux ait aussi des répercussions énormes sur notre vie émotionnelle, affective, sexuelle et sociale. D'un autre côté, l'idée que deux molécules synthétisées en laboratoire puissent transformer radicalement ma personnalité me semblait inacceptable. Cela revenait à admettre que j'étais esclave de ma biologie, enfermée dans une cage que plus d'un siècle de féminisme avait œuvré à déconstruire.

Andromède

L'un des aspects les plus négligés et pourtant les plus perturbants de la pilule contraceptive est lié à ce qu'on pourrait appeler ses effets psychoactifs. En 2019, la psychologue Sarah E. Hill a publié un ouvrage intitulé *This Is Your Brain on Birth Control*[20]. Le titre fait référence à une célèbre campagne publicitaire contre la drogue diffusée aux États-Unis dans les années 1980, où le slogan « *This is your brain on drugs* » légendait l'image d'un œuf qui frit dans une poêle brûlante. L'essai de Hill offre une analyse précise et déconcertante de l'impact de la contraception hormonale sur la psychologie et le comportement des femmes en se fondant sur les résultats de différentes études, dont une grande partie a été menée dans le centre de recherche où travaille l'autrice. Selon Hill, la pilule agirait directement sur le processus de sélection des partenaires, incitant les femmes à privilégier les hommes aux caractéristiques physiques et comportementales associées à une « faible masculinité ». Dans une étude, on a demandé à un groupe de femmes de recréer le prototype du visage masculin idéal avec un logiciel de photos conçu pour modifier certaines caractéristiques physionomiques comme la proéminence des pommettes ou de la mâchoire, qui varient en fonction des degrés d'hormones sexuelles sécrétées ; ces mêmes femmes ont été invitées à répéter l'expérience, après que la moitié d'entre elles eut commencé le traitement contraceptif. Les femmes sous l'effet de la pilule manifestaient une nette préférence pour les visages moins « masculins », c'est-à-dire associés à des taux de testostérone plus bas[21].

Plus généralement, on trouve une foule de témoignages ponctuels sur les effets de la contraception hormonale sur la libido, sur la fréquence et la qualité de l'activité sexuelle des femmes, même si les nombreuses études sur ces thèmes ont donné des résultats contradictoires, comme cela arrive souvent lorsqu'il s'agit de la pilule. Toutefois, l'impact de la pilule sur la psychologie des femmes ne se limiterait pas à la sphère sexuelle. Chez les femmes sous contraceptif hormonal, l'aspect le plus étrange et inquiétant fréquemment observé est l'altération de la réponse physiologique au stress. D'ordinaire, l'organisme réagit au stress en augmentant le taux de cortisol dans le sang (le cortisol est une hormone stéroïdienne) ; or, chez les femmes sous pilule, le pic de cortisol est fortement réduit, ce qui dénote un dysfonctionnement de la capacité de l'organisme à réagir aux stimuli de la réalité environnante, qu'ils soient négatifs ou positifs. Selon Hill, « la réduction de la capacité à réguler les changements dynamiques en libérant du cortisol en réponse au stress pourrait diminuer la capacité des femmes à affronter les difficultés, à apprendre et à s'adapter à leur environnement[22] ». En outre, si les liens de cause à effet entre la prise de la pilule contraceptive et la dépression ne sont pas documentés, la corrélation entre les deux phénomènes est désormais indéniable. Selon une série d'études célèbres menées au Danemark, les femmes sous contraception hormonale sont beaucoup plus enclines à recourir aux antidépresseurs et ont presque trois fois plus de risques de se suicider[23].

Bien qu'on ait relevé à maintes reprises une corrélation entre l'usage de la pilule contraceptive et l'apparition de modifications significatives du comportement social, de la santé psychologique et de la vie sexuelle des femmes, il est particulièrement compliqué d'évaluer la fiabilité de ces résultats. Et quand il s'agit de phénomènes émotionnellement et culturellement complexes, comme le choix d'un partenaire sexuel ou amoureux, séparer les facteurs strictement biologiques des conditionnements sociaux s'avère délicat. Au deuxième chapitre de son livre, intitulé « You Are Your Hormones », Sarah E. Hill convoque la biologie évolutionniste pour affirmer que les équilibres hormonaux sont une composante fondamentale de la personnalité de chaque individu. Selon l'autrice, cette conclusion ne s'opposerait pas au féminisme ; au contraire, renouer avec l'essentialisme biologique en naturalisant les rôles traditionnels de genre permettrait aux femmes de cesser de se considérer comme des victimes passives des préjugés sexistes que la culture patriarcale a construits. Si l'on passe outre l'évidente fragilité de sa thèse, la question que soulève Hill est loin d'être naïve : jusqu'à quel point l'identité de genre et notre comportement sexuel sont-ils déterminés par la biologie du corps, et dans quelle mesure la technologie peut-elle intervenir pour les modifier ? Observer les profondes transformations psychologiques dues à la pilule contraceptive n'a pas seulement un intérêt médical : le but n'est pas de se contenter d'affirmer que la pilule est une drogue dangereuse, une technologie capable de troubler l'esprit de millions de personnes et par extension de l'ensemble de la société. Il s'agit plutôt d'aborder un problème plus abstrait et plus radical : comment et dans quelle mesure la matière dont nos corps sont faits détermine notre identité ? Qu'est-ce qui distingue nos identités « naturelles » de celles qui sont construites socialement ?

La question la plus importante que pose la théorie féministe est la suivante : l'identité sexuelle est-elle le résultat de conditionnements culturels ou de facteurs physiques, moléculaires, biologiques ? En simplifiant en quelques mots un débat infini et complexe, on peut répondre à cette question de deux façons : de manière constructiviste, en affirmant que le genre est construit socialement, et de manière essentialiste, en affirmant que le sexe est déterminé par la biologie du corps. Dans la culture de masse, le féminisme a enterré ce débat en instaurant une séparation rigide, une ligne nette et infranchissable entre le sexe et le genre : d'une part la biologie, de l'autre la société ; d'une part la nature, de l'autre la culture. Mais les technologies de genre telle la pilule contraceptive nous rappellent qu'entre biologie et société, entre nature et culture, il existe une vaste zone de frontière : un espace où la séparation entre le genre comme construction culturelle et le sexe comme donnée biologique est profondément incertaine. Que reste-t-il du constructivisme lorsqu'on a reconnu que la biologie est à tous égards intrinsèquement liée à notre identité ? Et que reste-t-il de l'essentialisme si le discours culturel dans lequel nous baignons a le pouvoir d'agir sur la biologie de nos corps à travers la technologie ?

En 2008, le philosophe Paul B. Preciado publie *Testo Junkie*[24], un hybride entre thèse universitaire, manifeste politique et biopornographie, sans doute l'ouvrage le plus radical et le plus influent du féminisme du nouveau millénaire. Preciado y raconte son expérience avec la testostérone en gel, et comment sa rencontre avec cette technologie hormonale a transformé aussi bien sa façon d'éprouver intimement son identité que sa vision philosophique et politique du genre. Au cœur de la philosophie de Preciado, il y a un refus absolu de la pureté ; le genre n'est considéré ni comme une donnée naturelle ni comme une construction idéologique : il est le résultat de flux technologiques qui incorporent des éléments biologiques, sociaux, économiques et moléculaires.

« Il ne s'agit pas de passer de femme à homme ou d'homme à femme », écrit Preciado au sujet de son expérience avec la testostérone, « mais d'infecter les bases moléculaires de la production de la différence sexuelle, étant donné que ces deux états, homme et femme, n'existent qu'en tant que "fiction politique", en tant qu'effets somatiques des processus techniques de normalisation[25] ». Preciado embrasse l'ambiguïté épistémologique et politique des technologies de genre qu'il n'absout pas de leurs compromissions avec le pouvoir, mais auxquelles il reconnaît le mérite d'explorer des territoires de frontière en mesure d'élucider, et de subvertir, les structures sur lesquelles repose notre idée normative de nature.

> Quand je m'applique une dose de testostérone en gel ou que je m'injecte une dose liquide, ce que je m'administre en réalité, c'est une chaîne de signifiants politiques qui se matérialisent jusqu'à prendre la forme d'une molécule assimilable par mon corps. Je ne prends pas seulement l'hormone, la molécule, mais aussi le concept d'hormone : un ensemble de signes, de textes, de discours, le processus par lequel l'hormone a pu être synthétisée, la séquence technique grâce à laquelle elle s'est matérialisée en laboratoire. Je m'injecte une chaîne carbonée stéroïde hydrophobe et cristalline, et avec elle un bout d'histoire de la modernité[26].

Si être féministe aujourd'hui signifie accepter sans appel la séparation entre sexe et genre, corps et identité, ma rencontre avec la pilule a certainement fait de moi une mauvaise féministe. Je dis « mauvaise », car face à une technologie qui a traversé si facilement la frontière entre nature et culture, qui a transformé les idéologies en molécules et les molécules en nouvelles identités sociales, il me semble très difficile de continuer à concevoir le sexe et le genre comme deux catégories pures. Les technologies ne sont pas seulement des structures artificielles greffées sur une biologie préexistante, ce sont des machines qui produisent des discours, construisent des vérités, assemblent de nouvelles formes de nature. Quand on revient sur la généalogie controversée de la pilule, de son passé de violence coloniale à ses déclinaisons contemporaines en *lifestyle drug,* comment ne pas voir en elle un dispositif de contrôle politique qui, derrière le masque de l'émancipation, n'a fait qu'intensifier et renforcer la discipline à laquelle le corps des femmes était déjà soumis. Peut-être que la véritable révolution de la pilule n'est pas d'avoir libéré les femmes de la tyrannie de leur nature, mais d'avoir démontré que la nature de la femme n'a jamais été qu'un artefact. À ceux qui cherchent la vérité du sexe dans le corps ou dans la société, dans les chromosomes ou dans l'esprit, dans la culture ou dans l'évolution, la pilule répond que cette vérité n'est nulle part. Comme les stéroïdes de synthèse qui la composent, le sexe naturel est lui aussi un produit de laboratoire, une technologie biologique et politique instillée comme une potion magique faite à base de racines cueillies dans la jungle et de quelques tonnes d'urine de cheval.

Une des premières campagnes publicitaires de la pilule Enovid, diffusée en 1961, montrait une femme sur le point de briser les chaînes enserrant ses poignets. C'était la princesse Andromède: selon le mythe grec, son père l'offrit en pâture à un terrible monstre marin pour apaiser la terreur qu'il semait dans le royaume. D'après la légende, Andromède était une princesse éthiopienne, mais sa généalogie a dû s'égarer, car dans tous les tableaux qui la représentent, impuissante devant la gueule de la bête, sa peau est blanche comme neige. Dans le mythe, Andromède a été enchaînée à un rocher dans l'attente d'être dévorée ; heureusement, Persée (celui qui a décapité Méduse) est arrivé à temps pour la sauver. « Depuis la nuit des temps, la femme a été assujettie aux humeurs changeantes, et souvent aux aberrations du mécanisme cyclique de son système reproductif », disait l'encart publicitaire. « À présent, elle a le pouvoir jusqu'ici inconnu de réguler, d'accroître ou de suspendre son cycle et son potentiel procréatif. Ce contrôle physiologique inédit est ici symbolisé par une illustration de la mythologie grecque : Andromède libérée de ses chaînes[27]. » La métaphore est puissante, certes. Mais, dans ce récit, on ne nous dit pas qui est le héros qui sauve la princesse ni qui est le monstre.

Chapitre 3

Interfaces

Micro-pouvoir

Au printemps de l'année 2021, je suis tombée sur une vidéo de TikTok où l'on déposait une goutte de Coca-Cola sur un test antigénique de dépistage de la COVID-19. Étonnamment, quelques secondes après que la membrane de cellulose eut absorbé le soda, une double ligne rouge apparaissait clairement dans la fenêtre de résultat. En quelques semaines, des contenus de ce genre se sont répandus à une vitesse impressionnante, entraînant des millions de vues. Très vite, la plateforme a été submergée de vidéos d'utilisateurs qui faisaient des expériences sur les tests antigéniques – obtenant la plupart du temps des résultats positifs – avec tous les liquides possibles et imaginables : du whisky au lait, du jus de fruits au café... L'expérience qui a suscité le plus grand tollé sur les réseaux sociaux est celle qui révélait que même l'eau du robinet révélait la présence du virus. Évidemment, le phénomène déclencha pléthore de théories plus ou moins fantaisistes : certains dénonçaient l'inefficacité totale des tests en insinuant qu'ils servaient de prétexte pour enfermer les gens chez eux et pour leur imposer la vaccination ; d'autres soutenaient qu'on avait délibérément propagé le virus parmi la population grâce à l'eau du robinet. En Italie, l'affaire a donné lieu à un débat télévisé dans l'émission *Non è l'Arena*, durant laquelle on a montré les images d'un médecin antivax réalisant le test antigénique avec dix fruits différents. Le résultat du test était positif dans au moins quatre cas. « Dans un moment aussi difficile pour notre pays », a commenté un professeur d'université invité à l'émission, « c'est vraiment honteux de faire un test COVID à des kiwis ».

Pendant la pandémie, ce qui m'a le plus intriguée dans la diffusion massive des tests antigéniques et des fantaisies complotistes qui s'en sont suivies, c'est la capacité de ces dispositifs à transporter les biotechnologies de l'espace du laboratoire à celui du foyer, de la dimension universelle du savoir scientifique à la sphère individuelle de la vie privée. Bien souvent, les dispositifs technologiques qui franchissent cette frontière suscitent des sentiments mitigés : si ces objets facilitent une réappropriation du savoir scientifique, historiquement inaccessible aux gens ordinaires, ils sont d'autre part perçus avec méfiance, car susceptibles de projeter le regard de la science dans les replis intimes et microscopiques de nos corps. Ce sont, en quelque sorte, des dispositifs de surveillance : ils observent ou produisent des vérités sur notre nature auxquelles nous n'avons même pas accès nous-mêmes.

En effet, lorsque la science et la vie se rencontrent, il y a toujours une marge d'incompréhension. Les méthodologies et les technologies qui fondent, soutiennent et rendent le savoir scientifique possible deviennent un terrain de conflit et de négociation dès lors qu'elles tombent entre les mains d'une population ayant toujours subi la science, sans jamais accéder directement à ses moyens de production. Bien entendu, pour qu'une technologie de diagnostic délivre des informations fiables, il faut respecter une procédure spécifique : si l'on applique à l'eau du robinet ou à un jus de fruits un test conçu pour détecter le SRAS-CoV-2 chez l'humain, on ne peut pas obtenir un résultat scientifiquement valable. Ce que je trouve intéressant dans ces expériences bizarres, ce n'est pas la théorie maintes fois démentie selon laquelle le virus aurait été diffusé dans le réseau d'eau potable, ou qu'un grand complot mondial serait à l'origine de son invention. Ce qui m'intéresse, c'est que ces expériences soulèvent une question épistémologique : elles interrogent la façon dont se construit le savoir sur notre corps, et le rôle – actif ou passif, légitime ou illégitime – que jouent les technologies dans la construction de ce savoir.

Avant de produire un savoir, la science produit des regards. Dans le cas du test antigénique COVID-19, le regard prend la forme d'un capteur en mesure de transformer une réalité matérielle, la présence ou l'absence d'une protéine, en un signe culturellement interprétable. Identifier les conditions dans lesquelles ce regard échoue, ces occurrences où quelque chose dérape dans la transformation d'une réalité matérielle en fait scientifique est nécessaire : le discours de la science qui se situait sur le plan de la vérité absolue sur le corps se voit ainsi ramené aux articulations bien plus complexes de l'objectivité. L'objectivité est soumise à des circonstances et à des conditions ; pour que la science puisse produire une affirmation objective, il faut qu'entre un corps et les connaissances qu'on élabore à son sujet il y ait un ensemble d'intermédiaires, ou interfaces, qui rendent le savoir possible. Ces interfaces, dont le test de l'antigène COVID-19 est un exemple parmi d'autres, passent souvent au second plan, derrière les faits scientifiques qu'elles contribuent à établir. La méfiance du grand public à leur égard n'est pas forcément due à une incompréhension de la science, et encore moins à un manque de « foi » dans la science, comme on l'entend souvent dire. Car déclarer qu'un savoir demande de la « foi », c'est le situer sur le plan des vérités révélées et non plus sur le terrain de l'objectivité. En réalité, ceux qui « font le test aux kiwis » posent, plus ou moins consciemment, une question difficile, mais absolument légitime : quelles sont les frontières des vérités que le savoir scientifique décrète sur les corps qu'il étudie, et dans quelles conditions se produisent-elles ? Redéfinir les conditions dans lesquelles l'objectivité prend forme, ce qui selon moi revient à rétablir le rôle central des interfaces technologiques dans la construction des faits scientifiques, s'avère particulièrement urgent quand les corps sur lesquels la science instaure son savoir ne sont pas seulement des particules, des atomes et des trous noirs, mais aussi des sujets politiques.

La technologie à la base de ces tests rapides de dépistage de la COVID-19, également appelés tests de flux latéral ou LFA, n'est pas nouvelle. Elle a été mise au point vers la fin du siècle dernier, et sa première application, la plus connue, est le test de grossesse maison actuel. De la même façon que le test antigénique est utilisé pour détecter la présence d'un virus, le test de grossesse projette un regard à l'intérieur du corps féminin et révèle ses mécanismes invisibles (et les rend potentiellement publics). Le test de grossesse est une pratique largement répandue et multiforme dont les origines précèdent de loin la médecine moderne; mais à partir du XXe siècle, cette pratique est passée de la sphère privée féminine au laboratoire scientifique. L'invention des tests à domicile contemporains a produit une véritable révolution, les femmes ont pu se réapproprier un savoir sur leur corps qui leur avait été longtemps confisqué. Comme toutes les technologies de genre, ce test est ambigu: il a profondément transformé l'expérience sociale et culturelle de la grossesse en anticipant sa médicalisation et en contribuant à sa mystification.

Michel Foucault utilise l'expression « micro-pouvoir » pour décrire une forme de pouvoir qui ne vient pas du haut, mais est disséminé dans de multiples instances locales qui agissent à la frontière entre la biologie et le politique, entre la vie privée et la société. « [Le sexe] donne lieu à des surveillances infinitésimales, écrit-il, [...] à tout un micro-pouvoir sur le corps, mais aussi à des mesures massives, à des estimations statistiques, à des interventions visant le corps social tout entier[1]. » Avec l'avènement des biotechnologies contemporaines comme le test de grossesse, le préfixe « micro » accolé au mot « pouvoir » n'a pas seulement un sens figuré qui permet de le distinguer du « macro-pouvoir » des institutions et des gouvernements, il est aussi à prendre au sens propre: en matière de sexualité et d'affects, le politique ne se cantonne plus à l'espace domestique, il pénètre dans les mécanismes moléculaires les plus intimes et les plus microscopiques qui régulent nos corps biologiques.

Parce qu'il agit à différentes échelles, du moléculaire au personnel, du privé au social, le test de grossesse offre un éclairage précieux sur le rôle des interfaces technologiques dans la construction de l'objectivité scientifique sur les corps.

Reconnaître que cette objectivité n'est pas une vérité inébranlable, mais qu'elle est le résultat d'un ensemble de pratiques ayant une matérialité et une histoire a de fortes incidences politiques : c'est une première étape pour déconstruire l'idée qu'il existerait une « nature » anhistorique du sexe et du genre derrière le maillage culturel et technoscientifique qui les définit. L'histoire du test de grossesse montre aussi comment les pratiques qui ont établi les identités de genre contemporaines ont été alimentées par une multiplicité de matériaux et de corps non humains. Loin d'être des outils passifs aux mains de la science, ces corps ont participé activement à la construction de son savoir, et leur circulation est étroitement liée au colonialisme, aux équilibres écologiques et à l'économie mondiale.

Œufs de grenouille

La grenouille *Xenopus laevis* est un amphibien originaire d'Afrique australe, également connu sous le nom de « crapaud à griffes ». C'est une grenouille carnivore exclusivement aquatique, et ses yeux dépourvus de paupières lui donnent un air ahuri. Ses pattes avant dénuées de palmes rappellent curieusement des mains humaines, tandis que ses pattes arrière munies de trois griffes lui permettent de démembrer les grosses proies dont elle se nourrit. À partir des années 1930, le zoologiste britannique Lancelot Hogben, qui s'était installé à l'université du Cap après une série de pérégrinations académiques – dues, selon certains témoignages, à son caractère peu conciliant –, a essayé de convaincre ses collègues que *Xenopus laevis* était l'animal idéal pour l'expérimentation biomédicale. En effet, la grenouille était très répandue et facile à attraper; les femelles, bien plus grandes que les mâles, se distinguaient au premier coup d'œil. Contrairement à d'autres animaux utilisés en laboratoire, la *Xenopus laevis* pouvait survivre dans des vasques pendant des semaines, sans nourriture et en silence.

Entre 1933 et 1935, deux collègues de Hogben, Harry Zwarenstein et Hillel Shapiro, ont découvert que si l'on injectait de l'urine de femme enceinte dans le corps d'une femelle *Xenopus laevis,* la grenouille produisait des œufs dans un délai maximum de dix-huit heures. Ils se sont aperçus que le phénomène était dû à la présence de l'hormone hCG (gonadotrophine chorionique) dans l'urine des femmes enceintes; une fois dans le sang de l'animal, l'hormone stimulait le système reproducteur de la grenouille et déclenchait le processus d'ovulation. Chez le crapaud à griffes comme chez la plupart des grenouilles, la fécondation des œufs se produit hors du corps de l'animal, après que les œufs ont été pondus. Très vite, les deux scientifiques ont proposé d'utiliser *Xenopus laevis* comme test de grossesse novateur, simple et bon marché. Contrairement aux grenouilles européennes qui ont un cycle de reproduction rythmé par les saisons et ne s'accouplent qu'au printemps, *Xenopus laevis* peut pondre tout au long de l'année; un même spécimen pouvait donc servir de test des dizaines et des dizaines de fois au cours de sa vie. À la suite de cette découverte, les *Xenopus laevis* qui vivaient paisiblement dans les forêts d'Afrique australe depuis des millions d'années ont commencé à voyager partout dans le monde: d'abord vers le Royaume-Uni et, de là, vers les États-Unis. Le responsable de leur exportation outre-mer était un lieutenant de marine américain nommé Jay Cook; pressentant que la diffusion de ce nouveau test de grossesse ouvrirait d'alléchantes perspectives économiques, l'homme a ramené d'Afrique une colonie de 3000 grenouilles achetées à un fournisseur privé qui avait organisé leur capture. Au début des années 1950, l'utilisation de *Xenopus laevis* comme test de grossesse s'était imposée dans de nombreux pays européens et aux États-Unis: les quelques milliers de grenouilles de Cook avaient généré des centaines de milliers d'individus.

Au XXe siècle, le modèle scientifique servant à comprendre la différence sexuelle a commencé à changer. Entre les années 1920 et 1930, la progressive affirmation de la théorie hormonale a marqué une transition: le sexe conçu comme une caractéristique localisée dans les organes génitaux est devenu un phénomène diffus dans tout l'organisme[2]. Comparer le modèle hormonal du corps sexué au modèle physiologique qui l'a précédé, lequel privilégiait le rôle des organes et des nerfs, c'est un peu comme comparer l'internet par câble à la connexion sans fil: selon le modèle hormonal, l'information n'est pas transmise d'un point à un autre, elle se répand partout dans le corps et est interprétée par chaque composante biologique en mesure de la capter. L'idée voulant que la différence sexuelle fût véhiculée par un message chimique nécessitait des interfaces capables d'interpréter ce message, en déchiffrant le langage moléculaire pour le transformer en information cliniquement lisible. Tant qu'on n'était pas en mesure d'extraire les hormones des corps qui les produisaient, et tant qu'on n'avait pas mis au point des procédés biochimiques capables de les détecter en dehors de l'organisme, cette interface ne pouvait être qu'un corps vivant.

Pour élucider le fonctionnement des hormones et les séparer en hormones féminines et hormones masculines, il fallait observer directement leur effet sur l'organisme. Dans les premières études sur les hormones sexuelles, il arrivait souvent qu'on prélève les gonades d'un rongeur et qu'on les greffe sur d'autres parties de son corps pour vérifier que l'effet des hormones était totalement diffus et indépendant de l'anatomie de l'animal. Le monde scientifique avait découvert l'existence de l'hormone hCG, spécifique à la grossesse, quelques années avant de découvrir celle de *Xenopus laevis.* En 1926, les biologistes allemands Bernhard Zondek et Selmar Aschheim avaient découvert qu'en injectant de l'urine de femme enceinte à une souris femelle encore sexuellement immature, on déclenchait immédiatement son ovulation[3]. Avant *Xenopus laevis,* grâce à laquelle il suffisait d'attendre que l'animal ponde, le seul moyen de détecter la présence d'hCG était de tuer – « sacrifier » dans le jargon scientifique – l'animal, de lui ouvrir le ventre et d'observer directement ses ovaires. Cette technique, appliquée d'abord à la souris puis à la lapine, fut le premier test de grossesse de l'histoire de la science moderne. D'ailleurs, la pratique consistant à injecter l'urine des femmes dans le corps de lapines qu'on disséquait ensuite pour vérifier si l'ovulation s'était produite est à l'origine de l'expression argotique anglaise « *the rabbit died* », « la lapine est morte », utilisée pour dire qu'on est enceinte. L'expression n'est pas tout à fait juste, car que le test soit positif ou négatif, la lapine mourait toujours. Ne pouvant ouvrir le corps des femmes pour observer directement ses mécanismes cachés, le regard scientifique se rabattait sur d'autres corps, plus « sacrifiables ».

L'utilisation d'organismes vivants comme interfaces pour accéder à une connaissance profonde de nos corps n'est pas une pratique propre à la modernité. Les premiers documents écrits mentionnant un test de grossesse remontent à plus de trois mille ans. Un papyrus conservé au Musée égyptien de Berlin, daté d'environ 1350 av. J.-C., expose en détail une méthode que les femmes égyptiennes utilisaient pour détecter une grossesse et prédire le sexe de l'enfant à naître[4]. D'après le papyrus, la femme suspectant une grossesse devait arroser de son urine un sachet de graines de blé et d'orge : si ces graines germaient, la grossesse était confirmée. Le papyrus dit aussi que si le blé germait en premier, l'enfant serait une fille ; autrement, ce serait un garçon. En ce qui concerne la détection de la grossesse, la méthode semble avoir un fondement et pourrait avoir eu une fiabilité diagnostique proche de 80 % : le taux élevé d'hormones dans l'urine des femmes enceintes stimulait probablement la germination des graines, dont la croissance aurait été inhibée dans le cas contraire. Mais, outre l'efficacité du test, on est surpris par une telle ressemblance entre une pratique ancienne, préscientifique et apparemment magique, et les pratiques de la médecine contemporaine. Comparé à l'injection d'urine de femme dans une grenouille ou une souris, le procédé égyptien paraît beaucoup moins barbare.

Vers la fin des années 1950, avec la diffusion des nouveaux tests de grossesse qui ne nécessitaient plus d'animaux vivants, les vasques de *Xenopus laevis* sont devenues une dépense inutile pour les laboratoires. La plupart des grenouilles ont été vendues comme animaux domestiques, d'autres ont été affectées à de nouveaux projets de recherche. Le crapaud à griffes africain a été au cœur, si l'on peut dire, des aventures les plus singulières de la science contemporaine. Ainsi, il a été le premier animal à être cloné avec succès : en 1958, on inséra le noyau d'une cellule de sa patte dans l'un de ses œufs non fécondés, ce qui démontrait la réversibilité du processus de différenciation cellulaire[5] par lequel chaque cellule est destinée à remplir une fonction spécifique après la phase embryonnaire. Cette découverte a notamment donné naissance à la recherche sur les cellules souches, qui a valu le prix Nobel au biologiste britannique John Gurdon. À partir des années 1970, des œufs de *Xenopus laevis* ont été envoyés dans l'espace à de nombreuses reprises pour étudier les effets de la microgravité sur l'embryogenèse, révélant la capacité des embryons à survire et à se développer en orbite[6]. Plus récemment, en 2019, des cellules épithéliales et cardiaques de *Xenopus laevis* ont été assemblées selon un algorithme d'intelligence artificielle et transformées en ce qui a été qualifié de « première forme de vie synthétique » jamais créée par l'homme : le Xenobot[7].

L'histoire de la *Xenopus laevis* montre que le développement des technologies de genre contemporaines est le résultat d'un réseau complexe, donc toujours imprévisible, de relations entre une multiplicité de sujets, humains et non humains. Elle raconte comment ces relations, d'abord établies à l'échelle locale du laboratoire, sont aussi des relations politiques, capables de former et de reproduire des logiques de pouvoir qui s'exercent à l'échelle mondiale. On pourrait affirmer que l'utilisation par la recherche des corps de *Xenopus laevis* femelles et de tous ces autres animaux transformés en machines à produire des connaissances et des profits – voués à rester entre les mains d'institutions masculines et impérialistes – ressemblait beaucoup à la violente objectification du corps des femmes par la science de ces années-là. « L'impérialisme européen fonctionnait comme un circuit biologique qui transportait des organismes vers des mondes qu'ils n'avaient jamais connus », a justement relevé l'historienne des sciences Denise Lynn dans un article sur l'exploitation de *Xenopus laevis* pour la recherche scientifique[8]. « L'introduction, intentionnelle et non intentionnelle, de ressources naturelles sur le marché répondait à l'impératif impérialiste de contrôler les mondes humain, végétal et animal. » Mais cette même pulsion de contrôle global peut produire un effet contraire : une prolifération incontrôlée de nouvelles façons d'être, facilitant l'émergence de formes de survie inattendues et subversives.

L'objectivité scientifique n'est pas enfermée dans une tour d'ivoire, hors du monde et de l'histoire. Elle se construit dans un dialogue permanent avec un vaste écosystème de relations et de savoirs ; loin d'être un regard désincarné sur la nature, c'est un assemblage de matériaux et de concepts qui circulent dans la nature et la société. En ce qui concerne les technologies de genre, suivre les filaments de ces réseaux est notre seul moyen de préserver la profondeur épistémologique et politique de notre savoir sur le corps. À propos d'écosystèmes, une partie des grenouilles importées d'Afrique pour servir d'interfaces pour les tests de grossesse ont trouvé le moyen de s'évader des cliniques et d'aller barboter librement dans les étangs du monde entier. Des spécimens de *Xenopus laevis* échappés des laboratoires de recherche européens et américains se sont reproduits à une vitesse impressionnante, supplantant peu à peu les espèces indigènes. L'étonnante fécondité de *Xenopus laevis,* qui l'avait rendue si précieuse pour la recherche scientifique, a fait d'elle une espèce nuisible dans de nombreux écosystèmes, de l'Europe à l'Amérique du Nord et jusqu'en Amérique du Sud, déclenchant une catastrophe écologique mondiale jamais résolue[9]. Les murs des laboratoires sont plus fins et plus perméables qu'il n'y paraît.

Le sang de brebis

En 1967, Margaret Crane avait 26 ans lorsqu'elle a commencé à travailler comme designer cosmétique pour la filiale américaine de la société pharmaceutique néerlandaise Organon. Comme je l'ai raconté dans le chapitre précédent à propos de la genèse de la pilule contraceptive, l'entreprise avait fait fortune dans les années 1930 en commercialisant des œstrogènes extraits de l'urine de jument. Un jour, alors qu'elle visitait le laboratoire, Crane a remarqué une rangée d'éprouvettes remplies d'un liquide rougeâtre et suspendues au-dessus d'un miroir incliné. Ses collègues lui ont expliqué qu'il s'agissait d'un test de grossesse : si l'on mélangeait de l'urine de femme enceinte aux substances contenues dans l'éprouvette, un cercle rouge foncé se formait au fond du récipient en l'espace de deux heures et se reflétait dans le miroir, ce qui facilitait la lecture du résultat. Puisque ce test était si simple, Crane a pensé que les femmes pourraient le réaliser elles-mêmes, dans l'intimité de leur foyer, sans qu'elles aient à faire appel à des médecins et des laboratoires. Mais lorsqu'elle a proposé l'idée à ses supérieurs, tous lui ont répondu que son projet serait invendable ; que les médecins, dépossédés de leur autorité, s'y opposeraient par tous les moyens ; qu'en vendant un tel produit, l'entreprise risquait d'être impliquée dans d'énormes scandales. « Qu'adviendrait-il de la réputation de l'entreprise », lui a demandé un de ses supérieurs, « si la fille d'un sénateur, non mariée, se jetait d'un pont après avoir découvert qu'elle était enceinte ? »

Mais, quelques mois plus tard, quelqu'un a rapporté l'idée de la jeune graphiste à des responsables néerlandais qui, enthousiasmés, ont demandé à leurs collègues américains de travailler à des prototypes. Crane n'a pas été invitée à participer au projet, mais cela ne l'a pas empêchée de réaliser un prototype de son test de grossesse à domicile. Elle a transformé une boîte en plastique transparent trouvée sur son bureau en y disposant un petit miroir sur la base et en y ajoutant une petite éprouvette en verre, puis elle a gravé en lettres rouges le mot « Predictor » sur le plastique. Le jour de la présentation officielle des prototypes, Crane était la seule femme. Les tests conçus par ses collègues étaient alignés sur la table de la salle de réunion : pour susciter l'intérêt des femmes, les prototypes étaient tous roses et décorés de fleurs, de pompons et de nœuds grotesques. Le publicitaire néerlandais Ira Sturtevant a immédiatement sélectionné le design minimaliste et fonctionnel du « Predictor » de Crane. Quelques mois plus tard, la société brevetait le produit qui est devenu le premier test de grossesse à domicile disponible sur le marché. En collaborant au projet du test, Crane et Sturtevant sont tombés amoureux : ils ont vécu ensemble pendant plus de quarante ans à Manhattan, sans jamais se marier ni avoir d'enfants. Il a fallu attendre l'année 2015 pour que Margaret Crane révèle qu'elle était l'inventrice du test de grossesse à domicile. Jusqu'alors elle avait préféré rester dans l'ombre[10].

À partir des années 1960, les examens en éprouvette[11] ont progressivement supplanté les tests de grossesse qui utilisaient des organismes vivants. En passant des interfaces vivantes telle la *Xenopus laevis* aux expérimentations *in vitro*, les tests de grossesse sont devenus de plus en plus accessibles ; pendant ce temps, le réseau de corps et de matériaux engagé dans cette nouvelle technologie devenait de plus en plus ramifié et complexe. Le premier test de grossesse en éprouvette, à la base du prototype conçu par Margaret Crane, exploitait une technique connue en microbiologie sous le nom d'« hémagglutination ». On utilisait un liquide contenant des globules rouges de mouton, préalablement modifiés chimiquement et couverts de molécules de l'hormone hCG. On ajoutait ensuite à cette solution l'échantillon d'urine de la femme à examiner, qui avait été traité avec une molécule particulière, appelée « anticorps », capable de se lier de façon sélective aux molécules d'hCG. En l'absence d'hCG dans l'urine, l'anticorps restait libre, les globules rouges coagulaient et le test était négatif : la femme n'était pas enceinte. En revanche, si l'anticorps se liait à l'hCG présente dans l'urine, la coagulation était inhibée et le résultat était positif, confirmant la grossesse. Mais la complexité du système ne s'arrêtait pas là, car la production d'anticorps – ces molécules biologiques capables de se lier sélectivement à certaines substances – devait à son tour se faire par l'intermédiaire d'un autre organisme. Pour le test de grossesse, on injectait une dose d'hormone hCG à un lapin, dont le système immunitaire produisait spontanément l'anticorps souhaité. La molécule était ensuite extraite du sang de l'animal au terme d'un long processus de purification.

L'histoire du test de grossesse nous montre, et c'est sans doute un de ses aspects les plus intéressants, comment les technologies contemporaines ont tendance à évoluer simultanément dans deux directions apparemment opposées. D'une part, le progrès technologique produit des systèmes de plus en plus performants, et dont les composantes matérielles deviennent de plus en plus invisibles. Ainsi, à partir des années 1960, les laboratoires d'endocrinologie n'avaient plus besoin d'élever des centaines de grenouilles ou de disséquer des dizaines de souris chaque jour pour constater une grossesse : il suffisait de mélanger les bonnes solutions pour obtenir un résultat en peu de temps. D'autre part, cette évolution des connaissances scientifiques et des technologies qui les produisent entraîne une prolifération de réseaux toujours plus vastes de corps qui, comme les racines d'un arbre, s'étendent peu à peu sous la surface. Pour que la détection d'une grossesse devienne un fait scientifique, il a fallu engager une myriade de corps toujours plus étrangers : œufs de grenouille, urine humaine, sang de mouton, entrailles de lapin, miroirs et boîtes à trombones en plexiglas. L'ensemble de ces corps, qui constitue une sorte d'« écosystème non naturel » d'organismes et d'artefacts, continue d'agir à travers le test de grossesse actuel sous des formes de plus en plus implicites, sans que l'utilisatrice s'en rende compte.

Malgré l'immense succès qu'il allait remporter, l'avènement du test de grossesse à domicile, commercialisé pour la première fois aux États-Unis en 1977, a d'abord été accueilli par un mélange d'enthousiasme et de rejet. Les premières publicités le présentaient comme une « petite révolution privée » qui permettrait aux femmes de se réapproprier un savoir direct sur leur corps sans la médiation des médecins ;

par ailleurs, de nombreux médecins doutaient de la capacité des femmes à effectuer elles-mêmes un examen clinique aussi délicat[12]. De plus, le design extrêmement simple de Margaret Crane était plus qu'une interface d'autodiagnostic intuitive, il était révolutionnaire parce qu'il véhiculait l'idée que, sans aucune formation scientifique et sans recourir à un homme plus expert, les femmes pouvaient reproduire dans la sphère domestique une procédure qui, auparavant, devait impérativement se dérouler entre les murs d'un laboratoire. Reconnaître la légitimité du savoir obtenu par cette nouvelle méthode, c'était avant tout admettre que le contrôle de l'homme de sciences était d'une importance limitée par rapport à l'intelligence contenue dans la technologie elle-même, technologie de plus en plus indépendante des institutions qui l'avaient produite. En un sens, le test de grossesse à domicile a apporté une double émancipation : celle de la femme, qui n'est plus obligée de se soumettre à la tutelle de la médecine institutionnelle, et celle de la technologie, capable de produire un savoir de manière de plus en plus autonome, sans la supervision d'un être humain en blouse blanche.

Lignes de force

En un an de travail acharné, le célèbre chimiste et physicien britannique Michael Faraday a produit des centaines d'échantillons d'or colloïdal. Certains d'entre eux – des liquides d'un rouge grenat intense contenus dans de petites ampoules en verre – ont survécu pendant cent soixante ans jusqu'à nos jours, sans subir la moindre altération. Après avoir passé son adolescence à travailler comme apprenti dans une imprimerie d'ouvrages scientifiques, Michael Faraday avait acquis une renommée mondiale grâce à ses découvertes sur l'électromagnétisme. En 1856, il commença à se demander comment la matière, dominée par les lois de la mécanique, pouvait se comporter comme un transmetteur d'effets immatériels. À l'époque, on expliquait ces effets, c'est-à-dire les interactions électriques, optiques et magnétiques, par l'existence de l'éther : une substance matérielle mais invisible, jamais observée empiriquement, qui comme une sorte de liquide amniotique enveloppait et faisait dialoguer toute la matière de l'univers. Selon Faraday, que la théorie de l'éther n'avait jamais convaincu, la matière était traversée et transformée par ce qu'il appelait des « lignes de force », des structures imperceptibles qui, tels les fils d'une toile d'araignée, permettaient à tous les corps d'interagir à travers le temps et l'espace sans jamais se toucher[13].

Faraday était un « pur expérimentateur » dans le sens où sa façon d'aborder les problèmes scientifiques ne découlait ni de la théorisation mathématique ni de la simple observation des faits naturels : pour lui, le laboratoire était un espace où construire des artefacts, des hybrides nés de l'union de matériaux et de concepts. Ce sont précisément ces artefacts, au comportement souvent imprévisible, qui le guidèrent dans l'exploration de nouveaux modèles de la nature. Faraday s'était aperçu qu'un des traitements chimiques qu'il utilisait fréquemment en laboratoire générait comme déchet un fluide couleur rubis. Il pressentit que ce liquide était une suspension de minuscules particules d'or, invisibles même pour les plus puissants microscopes dont il disposait, mais capables de transformer la lumière qui les traversait. Comme la couleur du liquide semblait changer en fonction de la taille et de la forme des particules, passant du rouge au bleu et au vert émeraude, Faraday en conclut que cet effet optique n'était pas une propriété intrinsèque à chacune des particules: c'était le résultat d'une interaction délocalisée avec la lumière. Ces colloïdes étaient peut-être la clé qu'il cherchait: le long de leur surface, la matière muette devenait le transmetteur d'un réseau invisible de lignes de force. Mystérieusement, ces corps parvenaient à dépasser les limites de la matière dont ils étaient composés.

Faraday ne pouvait le savoir, mais, un peu plus d'un siècle plus tard, ses colloïdes d'or rouge si sensibles seraient redécouverts et deviendraient les capteurs biochimiques essentiels d'une des technologies contemporaines les plus répandues au monde. Les tests de grossesse actuels sont en effet constitués d'un bâtonnet de nitrocellulose, un matériau très absorbant, à la base duquel on dépose une petite quantité de particules d'or. Ces particules, dont la surface est modifiée par des anticorps spécifiques, absorbent les molécules d'hCG contenues dans l'urine des femmes enceintes. Circulant à travers les pores de la nitrocellulose, l'hCG liée aux particules d'or s'agrège à un deuxième groupe d'anticorps qui, cette fois, sont fixés sur le substrat le long d'une ligne invisible. Au cours de ce processus, la concentration de particules d'or sur la nitrocellulose augmente; grâce au même effet optique que Faraday avait observé sur ses colloïdes, une ligne rouge significative devient visible sur le bâtonnet.

Les colloïdes sont constitués d'une myriade de minuscules particules de matière en suspension dans un fluide; ces systèmes particulièrement subtils sont impossibles à observer à l'œil nu. Leur intérêt réside dans leur extrême sensibilité : parce qu'ils peuvent contenir une grande surface dans un très petit volume, ils ont la faculté de percevoir d'infimes variations de leur environnement et d'adapter leur comportement et leur structure en conséquence. Dans le cas du test de grossesse, les microscopiques particules d'or ne sont pas comme une feuille de papier sur laquelle on écrit, des supports matériels passifs pour une information venue d'en haut : elles ont au contraire un rôle actif de médiation dans la construction du savoir qu'elles portent. Pour revenir à l'idée fixe de Faraday, on pourrait dire que les colloïdes se situent dans une position intermédiaire entre la matière et les forces, et forment un lien entre la nature profonde d'un corps et sa manière d'être au monde.

Trouver une médiation entre la nature matérielle d'un corps et la façon dont ce même corps interagit avec le monde qui l'entoure est évidemment plus qu'un problème scientifique. Dans le contexte du féminisme, cette question peut être reformulée ainsi : comment la biologie sexuelle d'un corps détermine-t-elle son comportement social et sa position dans les structures de pouvoir ? Pour explorer ce problème, le féminisme a utilisé le concept de « performativité », un mot qui a gagné en importance dans les études de genre depuis que Judith Butler a proposé dans les années 1990 d'en faire le socle de sa théorie féministe[14]. Depuis, le mot « performativité » a souvent été interprété, pas toujours à juste titre, comme une forme de constructivisme pur : l'idée que toute identité sexuelle relève d'une sorte de représentation théâtrale, d'une convention sociale détachée de la matérialité du corps. Plus récemment, le concept de « performativité » a été récupéré pour jeter un pont entre la théorie féministe et le « nouveau matérialisme », un courant de pensée transdisciplinaire qui a suscité un regain d'intérêt pour les corps non humains et les réseaux qu'ils construisent entre la nature, la société et la culture. Dans ce contexte, la « performativité » des corps a été réinterprétée en dehors de son cadre strictement social et a acquis de nouveaux sens.

L'un des exemples les plus importants de cette réinterprétation est lié aux travaux de Karen Barad, qui s'est référée à la mécanique quantique pour suggérer que l'identité des corps, au lieu d'être une essence préétablie, s'élabore dans un tissu de relations matérielles qu'elle désigne par le néologisme éloquent d'« intra-actions ». Selon Barad, les corps de la mécanique quantique seraient « performatifs » dans la mesure où ils ne sont ni des particules ni des ondes, mais prennent ces différentes identités uniquement en interaction avec les outils technologiques qui les étudient. « Tous les corps, et pas seulement les corps humains, se matérialisent à travers la performativité du monde, écrit Barad. On ne doit pas concevoir la matière comme un simple effet ou un produit des pratiques discursives, mais plutôt comme un facteur actif de sa propre matérialisation continue[15]. » Même s'il peut sembler éloigné du féminisme, ce genre d'exploration théorique s'avère extrêmement précieux. D'une part il nous permet de transposer certains concepts liés aux études de genre, et donc à la politique et à la société, sur le territoire des sciences, que l'on considère souvent et trop rapidement comme des disciplines dissociées du reste de la culture où elles baignent. D'autre part, ces recherches permettent de reconnecter le féminisme à la matérialité des corps, lien qui semblait irrémédiablement rompu après le déclin de la deuxième vague de la pensée féministe et le rejet consécutif de l'essentialisme biologique.

Les interfaces technologiques sont les espaces où se construit l'objectivité du savoir. Pour cette raison, elles sont à la fois des dispositifs de contrôle et des territoires de lutte; si nous parvenons à les reconquérir, elles nous permettent de réécrire les règles suivant lesquelles nos corps sont représentés et disciplinés. Le contrôle patriarcal de la reproduction repose en premier lieu sur un contrôle des moyens de production du savoir: il ne survit qu'à condition que les réseaux technologiques qui le soutiennent restent aussi inaccessibles et cachés que possible. La grossesse est un fait biologique, le fait naturel par excellence; pourtant, la construction de ce fait naturel dépend d'un assemblage non naturel de matériaux, d'histoires, de temps et d'espaces qui vont des laboratoires de biotechnologie aux papyrus de l'Égypte ancienne, de l'oscillation picométrique d'un photon aux profondeurs des forêts de l'Afrique australe, en passant par les colloïdes et les grenouilles. Une étude matérialiste des technologies de genre, interfaces entre l'intérieur des corps et le sens que prennent ces corps dans le monde qui les entoure, pourrait apporter de nouvelles interprétations du concept de «performativité»: ce dernier cesserait d'être compris comme la banale invention ou la prolifération de nouvelles identités, mais comme la conscience que toutes nos connaissances sur nos corps dépendent d'un réseau complexe, qui va bien au-delà des frontières étroites de notre «nature».

Chapitre 4

Ultrasons

Nécropolitique

Dans la salle de sciences du lycée Pietro Verri de Lodi règne une odeur âcre de formaldéhyde. Les immenses verrières donnant sur le cloître de l'école sont calfeutrées par de lourds rideaux d'un rouge délavé, à travers lesquels filtre une lumière couleur sang qui me donne l'impression d'être dans le ventre d'un énorme animal. La pièce est remplie de vieilles étagères en bois où sont exposées des centaines de trésors : oiseaux empaillés, minéraux, coquillages, modèles anatomiques de champignons et de plantes. Et puis des crânes humains, le squelette d'un gros chien, une série de réactifs chimiques dans des petits flacons dont les étiquettes sont écrites à la main en lettres attachées, désuètes, impeccables. La vitrine consacrée aux « préparations humides » abrite des dizaines de bocaux en verre. Des corps immobiles de poissons, de mollusques, de reptiles et d'amphibiens y flottent dans un liquide autrefois cristallin, aujourd'hui opalescent et jaunâtre. Le solvant les a parfaitement préservés, seule la couleur de leur peau s'est décolorée, comme s'il ne s'agissait pas de corps de chair, mais de vieilles photographies. Un bocal caché entre une pieuvre et une vipère attire mon attention. Je reconnais la forme du corps qu'il contient.

L'embryon, me dit le gardien, est âgé de huit semaines. Un donateur dont personne ne connaît le nom l'a confié au lycée il y a plus d'un siècle. En le sortant de son écrin, je suis d'abord frappée par sa taille, pas plus grande qu'une phalange de mon doigt. Je réussis à identifier une ébauche de membre à l'apparence à peu près humaine. Sa chair gélatineuse tressaille au moindre mouvement du contenant, comme si elle menaçait toujours de se défaire. C'est la première fois que je vois un véritable fœtus, et si je l'ai immédiatement reconnu, c'est grâce à la diffusion culturelle massive de ses représentations. Ce corps, je l'ai vu des centaines de fois : au cinéma, dans les manuels scolaires, sur les réseaux sociaux, dans la rue sur d'immenses panneaux publicitaires. Si je n'avais pas déjà été exposée à son image, je l'aurais pris pour une sorte de grenouille ; mais au fur et à mesure que je l'observe, son corps d'abord insignifiant me paraît de plus en plus humain. Devant le bocal, je ressens un profond malaise, comme si le simple fait de le voir de mes propres yeux me rendait soudain complice d'un crime. Je me sens silencieusement accusée de quelque chose bien que rien autour de moi ne le suggère. En soi, le corps du fœtus ne présente rien de plus effrayant, scandaleux ou solennel que les autres corps qui l'entourent. Pourtant, pour moi, le fœtus n'est pas un objet en bocal comme les autres. C'est aussi une métaphore, un discours, un manifeste politique. C'est un hybride entre un corps et une image.

La raison principale de mon malaise, c'est qu'avant ce jour, chaque fois que je suis tombée sur l'image d'un fœtus, celle-ci s'accompagnait d'un contenu politique précis, que je résumerais par trois assertions. Premièrement, le fœtus est un être humain; deuxièmement, l'interruption volontaire de grossesse (IVG) est un homicide; troisièmement, en tant que femme capable de procréer, je serai toujours une coupable potentielle. Dans leur combat idéologique, les anti-avortements ont toujours insisté sur cet argument: si l'avortement est aussi répandu et accepté, c'est à cause d'une forme d'obscurantisme, d'un refus de « voir la réalité ». C'est pourquoi les images sont l'arme la plus utilisée dans l'histoire des mouvements « pro-vie »: elles témoignent de la « vraie » nature du fœtus, de son incontestable humanité, de son existence en tant que personne. Quoi de plus innocent qu'un regard? Comment un simple corps, dans sa facticité matérielle, peut-il être idéologique?

Pour une sensibilité contemporaine comme la mienne, le corps du fœtus est chargé de signification politique; pourtant, le fait qu'on l'ait placé dans le coin sombre d'une vitrine de salle de sciences, comme s'il n'était qu'un bibelot parmi d'autres souvenirs d'une culture scientifique aujourd'hui obsolète, m'oblige à reconnaître que la signification que je lui attribue si spontanément est en réalité historiquement située. Au XIXe siècle, à l'aube de l'embryologie comme discipline scientifique, collectionner des fœtus humains était une pratique très répandue; bien avant que l'avortement ne devienne le fer de lance des batailles idéologiques de la droite conservatrice, on traitait les fœtus comme des objets d'intérêt scientifique pas si différents des autres[1]. L'iconographie du fœtus comme symbole du caractère sacré de la vie est un phénomène culturel qui est apparu plus tard, à partir de la seconde moitié du XXe siècle, au moment où, partout dans le monde, les mouvements féministes revendiquaient le droit à l'avortement ; à la même époque, l'émergence de nouvelles technologies biomédicales telles que l'échographie offrait un aperçu inédit de l'intérieur du corps féminin. Il existe cependant un lien historique évident entre le fœtus contemporain et le fœtus du XIXe siècle conservé dans un bocal ; dans les deux cas, le corps du fœtus a été séparé, matériellement et conceptuellement, du corps de la femme qui l'a produit[2].

L'historienne féministe Barbara Duden a étudié l'évolution des représentations de l'embryon en médecine pour identifier le moment charnière où le corps du fœtus a été dissocié du corps de la mère pour être perçu comme une forme de vie indépendante[3]. Dans l'histoire des sciences, le premier ouvrage d'embryologie comparée est le traité *De formato foetu* du médecin padouan Girolamo Fabrici d'Acquapendente, publié au début du XVIIe siècle. On y trouve des représentations de fœtus de nombreux animaux, chiens, souris, vaches et lapins, tous restitués avec une précision anatomique presque comparable à celle d'une illustration contemporaine. En revanche, Fabrici représente les fœtus humains de façon totalement irréaliste, comme des petites personnes parfaitement formées, blotties dans l'utérus. Pour une représentation réaliste d'un fœtus humain, il faudra attendre près de deux siècles, jusqu'à la parution en 1799 de l'ouvrage *Icones embryonum humanorum* du physiologiste allemand Samuel Thomas von Sömmerring. C'est aussi la première fois que le fœtus est représenté comme un organisme distinct du corps maternel, sans aucune trace de l'utérus qui le contient. Comme modèles pour ses illustrations, Sömmerring a utilisé des fœtus avortés, conservés dans des bocaux; il était essentiel que ces images paraissent aussi réalistes qu'idéalisées, sans révéler le processus artificiel de conservation. « En aucun cas [...] les plis, les gonflements, les déformations dus à la conservation dans l'alcool ne doivent être reproduits de manière servile ou caricaturale, écrit Duden. Sömmerring veut un simulacre de l'objet, pas un facsimilé de ce qui se voit. Il ne veut pas une copie, mais une construction[4]. »

À la base de mon inquiétude vis-à-vis du fœtus, il y a un problème aussi politique que philosophique : la difficulté de tracer une ligne de démarcation entre un corps matériel et sa représentation culturelle. Souvent, les objets d'étude de la science remettent en cause la frontière entre ces deux catégories, ne pouvant être totalement englobés dans la première ou dans la seconde. La science est censée étudier la nature des corps, mais la moindre affirmation sur la « nature » d'un corps menace d'annuler la distance entre l'œil et l'objet, produisant ainsi l'illusion d'un regard sans médiation. Le fœtus dans le bocal est bien évidemment réel, c'est un corps suffisamment matériel pour qu'on puisse le toucher. En même temps, l'apparente transparence du verre me cache une chose qui est passée inaperçue. Flottant dans son solvant, séparé du corps vivant qui le contenait, le fœtus du bocal devient pour moi une image sans histoire : un symbole qui transcende le contexte dans lequel il a existé. Je ne me demande pas qui était la femme qui l'a porté ni pour quelle raison il a été retiré de son corps. Je ne sais pas qui l'a conservé ni pourquoi. Le fœtus existe en tant que représentation de lui-même : la personne à l'intérieur de laquelle il a grandi et les conditions matérielles de son existence deviennent aussi insignifiantes et transparentes que le verre du bocal où il est conservé.

Malgré sa matérialité, le fœtus en bocal est aussi bien un corps qu'une représentation. Quelqu'un l'a nettoyé, a retiré le sac amniotique qui le contenait, a coupé son cordon ombilical. Quelqu'un a préparé la solution au formol qui a préservé sa forme et a choisi le bocal de verre où il serait exposé à mon futur regard. Quelqu'un a dicté les conditions de mon regard et a construit artificiellement ce que j'ai appris à reconnaître comme « naturel ». Si toute représentation cache ce que l'on a plus ou moins consciemment choisi d'exclure, la première exclusion, la plus évidente, est celle du corps de la femme sans lequel le fœtus n'aurait pas existé ; la seconde est celle du processus technologique qui l'a immortalisé pour le rendre visible éternellement.

L'un des aspects les plus troublants de cette construction de l'image du fœtus en icône de la sacralité de la vie, réalisée avec la complicité du regard médicoscientifique, est son lien indissoluble avec la mort. Michel Foucault a forgé le concept de « biopolitique » pour parler de l'entrée de la vie « dans le champ de contrôle du savoir et d'intervention du pouvoir[5] » : au nom de la protection et du contrôle de la vie, les corps sont soumis à des formes toujours plus étendues de contrôle et de surveillance. Parce qu'il se situe à la frontière ultime du territoire des vivants, le fœtus est un avant-poste de la biopolitique ; toutefois, la seule façon de l'observer – pour façonner culturellement et scientifiquement une icône de la vie – est d'en faire un corps mort, extirpé chirurgicalement du contexte matériel qui rend son existence possible. Si, comme le voudraient les anti-avortements, observer un fœtus dans un bocal signifie « regarder la réalité en face », cette « réalité » résulte d'une opération de démembrement implicite qui, d'un même coup de scalpel, transforme le corps du fœtus en sujet et le corps de la femme en objet. Les reliques macabres de l'embryologie d'autrefois démontrent que toute biopolitique est secrètement fondée sur une *nécropolitique,* c'est-à-dire sur une politique des cadavres[6].

Astronautes

Le 30 avril 1965, en une du magazine *Life* paraissait l'une des photographies les plus mémorables du XXe siècle: un fœtus de 18 semaines flottant sur un fond noir, encore dans le sac amniotique qui l'enveloppe tel un voile translucide. Son apparence et sa pose sont étonnamment expressives; comme plongé dans une profonde méditation, le fœtus a les mains jointes près du menton, et ses yeux fermés, peut-être endormis, sont tournés vers une lumière dont la source est invisible. L'espace autour de lui est constellé de minuscules paillettes blanches en suspension dans une matrice sombre et inconnue, aussi impénétrable qu'une lointaine galaxie. « Le miracle de la vie avant la naissance », était-il écrit sur la couverture. « Une prouesse inédite de la photographie couleur: un fœtus vivant de 18 semaines montré dans son sac amniotique. » À l'intérieur du magazine, un reportage photographique accompagné d'un texte montrait les différentes phases du développement de l'embryon humain, de la conception à la naissance. Les photographies alliaient la richesse des détails anatomiques et un éclairage théâtral, des couleurs chaudes et des poses dramatiques: c'était la première fois qu'une séquence d'images scientifiques transmettait une telle intensité émotionnelle.

À la suite de cette publication, l'auteur des images, un photographe suédois nommé Lennart Nilsson, est devenu l'un des plus célèbres reporters au monde. Ses photographies, publiées dans plusieurs livres à succès, sont aujourd'hui encore les images de fœtus humain les plus identifiables dans la culture de masse. Interrogé à plusieurs reprises, Nilsson ne s'est jamais prononcé sur le droit à l'avortement ; de nombreux témoignages le décrivent comme un homme désintéressé de la politique, simplement soucieux de représenter la réalité de la façon la plus objective possible. Pourtant, avant de devenir célèbre, Nilsson avait manifesté publiquement ses affinités avec la cause anti-avortement : dans certaines interviews, il avait formulé le souhait que ses photographies puissent « prévenir de nombreux avortements inutiles » et, en 1952, il avait signé un reportage dans une revue suédoise, critiquant le droit à l'avortement et s'intitulant « Pourquoi devrait-on tuer un fœtus ? »[7]. Quelle qu'ait été sa position personnelle, ses photographies ont contribué plus que toute autre image à la construction de l'iconographie du fœtus en tant que personne humaine, et ont offert à la propagande anti-avortement un outil d'une puissance sans précédent.

Si la célèbre photographie publiée en couverture de *Life* en 1965 (que j'appellerai *Fœtus 18* par souci de concision) fait désormais partie de l'imaginaire culturel mondial, l'histoire de sa création a toujours été nimbée de mystère. Nilsson n'était pas médecin, mais il aimait se montrer en blouse blanche et gants de latex, avec sa caméra endoscopique équipée de longs objectifs conçus pour pénétrer et illuminer l'obscurité de l'utérus. En revanche, il se montrait plutôt évasif lorsqu'on lui demandait quelles techniques il avait utilisées pour obtenir ses plus célèbres images. En réalité, la seule photographie endoscopique – prise à l'intérieur de l'utérus – figurant dans le reportage de *Life* était une image en gros plan de la tête d'un fœtus de 15 semaines, dont on ne distinguait qu'un sourcil et un œil fermé. Cette image, bien moins percutante que celle de la couverture, Nilsson l'avait prise quelques instants avant un avortement chirurgical. Toutes les autres images, y compris la magnifique photographie *Fœtus 18,* étaient des photos de restes de fœtus à peine avortés qu'on avait plongés dans un aquarium.

Pendant des années, Nilsson avait travaillé avec une prestigieuse clinique gynécologique de Stockholm, qui lui avait donné un accès privilégié au corps de ses sujets. Les médecins du service ont raconté qu'ils prévenaient le photographe chaque fois qu'ils se préparaient à pratiquer un avortement; les fœtus devaient être photographiés quelques minutes après l'opération pour éviter que leur corps ne se détériore de manière irréversible et perde cet aspect « vivant » nécessaire à la réussite des clichés. Dans les rares cas où Nilsson a pris des photos *in utero,* le processus de réalisation des images était beaucoup plus invasif qu'on pourrait croire : on insérait directement l'objectif photographique dans l'utérus d'une femme qui subissait une intervention chirurgicale. Toutes les photographies de Nilsson étaient lourdement retouchées avant leur parution, car il ne fallait pas que le public s'aperçoive que les « bébés » – comme on appelait les fœtus dans le reportage de *Life* – étaient en réalité des cadavres. Macabre ironie du sort, des livres remplis de photographies de fœtus morts sont devenus le cadeau idéal à offrir aux futures mamans du monde entier.

Lorsque je suis tombée pour la première fois sur la photographie du *Fœtus 18,* j'étais déjà tellement habituée à imaginer le fœtus comme un individu distinct du corps de la femme que je n'ai même pas pensé que l'image pouvait avoir été mise en scène. Je croyais naïvement que, par un tour de passe-passe technologique encore inconnu, le photographe avait réussi à rendre la chair de la femme complètement transparente, et qu'il avait regardé à travers son corps comme on regarde à travers une fenêtre. Pourtant, le cadrage de l'image ne fait aucun doute : le fœtus est photographié de face, son corps entier est parfaitement visible et éclairé par une lumière extérieure, et un lambeau de placenta flotte à sa gauche. J'aurais dû le voir, mais pour une raison que j'ignore, je ne voulais pas voir que le réalisme de cette image ne pouvait en aucun cas être « naturel ». D'où venait ce regard ? Quelle technologie l'avait rendu possible ? Et, surtout, quelle autorité l'avait légitimé ? Sur la photographie de *Fœtus 18,* le corps de la femme avait été éliminé deux fois : il avait été coupé du cadre et, avec une facilité qui ne cessera jamais de me troubler, il avait également été effacé de mon imagination. Flottant comme un astronaute dans l'espace de la représentation, le fœtus n'était pas tenu d'obéir aux règles des corps matériels : il pouvait être invisible et visible, vivant et mort à la fois.

En pleine époque de conquête spatiale, l'image de Nilsson qui montrait un fœtus flottant dans l'obscurité de l'utérus et uniquement relié au corps maternel par le cordon ombilical a tout de suite été culturellement associée à l'image d'un astronaute flottant dans le vide intersidéral. La mythologie de l'exploration de l'espace, réinterprétée par la science-fiction, a souvent été empreinte d'un regard colonisateur porté par l'homme sur l'Univers ; elle a alimenté l'idée que l'être humain peut être dissocié de son contexte matériel et socioculturel, et offert une vision désincarnée facilitée par la technologie. L'iconographie du « fœtus astronaute » est porteuse d'une rhétorique complexe : elle confirme la césure conceptuelle entre l'embryon et le corps de la femme, lequel devient alors une métaphore rassurante du vaisseau spatial et, en même temps, une inquiétante représentation de l'hostilité de l'espace profond. Mais l'association entre le fœtus et l'astronaute renforce aussi l'idée de l'embryon comme « habitant du futur », un futur toujours vulnérable et menacé d'extinction.

Le chef-d'œuvre de Stanley Kubrick *2001. L'odyssée de l'espace* s'achève sur l'image d'un fœtus humain aux proportions astronomiques (très semblable au *Fœtus 18*) qui s'approche lentement de la planète Terre dans une bulle amniotique parfaitement transparente. L'apparition est profondément ambiguë : elle se présente comme un message d'espoir et de progrès, mais elle semble aussi préfigurer l'avènement d'une catastrophe. La théoricienne féministe Zoë Sofoulis a commenté cette image cinématographique dans un article publié en 1984, dans lequel elle établit un parallèle entre les positions anti-avortements des conservateurs et leur opposition, apparemment contradictoire, au désarmement nucléaire. « Au début, il semblait y avoir une contradiction entre le soutien à l'escalade militaire des conservateurs au pouvoir et leur désir de protéger la vie du fœtus ; or il s'avère que les deux positions s'articulent à une même idée, celle du *futur effondré,* écrit Sofoulis. Le "toujours déjà" du culte de la personnalisation du fœtus est identique au "destiné à être" de l'idéologie du progrès ; l'un et l'autre appartiennent à l'appareil idéologique de l'exterminisme qui fait s'effondrer le futur sur le présent[8]. » La représentation du fœtus comme explorateur extraterrestre du futur le détache efficacement de son existence matérielle présente : chaque fœtus est *toujours déjà* un enfant et, en même temps, un voyageur dans le temps, le messager d'un futur toujours *destiné à être* détruit. La logique qui préside à la course aux armements est la même que celle qui fait de l'avortement un meurtre : toutes deux reposent sur la projection du présent dans un futur qu'on dépeint comme un destin inéluctable.

En termes d'imaginaire politique, l'exploration spatiale a véhiculé une image de la Terre et de ses habitants comme unité indistincte, communauté générique dépourvue de différences ; cette indistinction a occulté la singularité politique des inégalités sous la bannière abstraite d'une « humanité » à défendre. De même, le potentiel de la « vie à naître » est une arme rhétorique d'autant plus efficace qu'elle arrache la contingence d'une vie particulière à son contexte socio-économique, matériel et culturel pour en faire le symbole d'une Vie soi-disant absolue : une Vie à protéger inconditionnellement, quitte à envisager et à imposer des politiques sécuritaires, militaristes et réactionnaires.

Peu après la publication des photographies de Nilsson, les conditions de leur réalisation ont suscité des controverses dans les cercles féministes et certains milieux universitaires, ce qui n'a pas pour autant empêché leur diffusion. Un médecin suédois, Lars Engstrom, a exprimé son désaccord quant à la publication de ces photographies qu'il considérait comme une forme de « propagande anti-avortement mal dissimulée ». « Je veux seulement parler des femmes qui, en réalité, auraient pu être les mères des fœtus représentés », écrivait Engstrom dans un article publié dans une revue scientifique.

> On suppose que les lecteurs ont compris que ces images montrent des fœtus morts, prélevés par opération chirurgicale ou avortement légal. La légende d'une photo décrit ainsi les yeux d'un fœtus au quatrième mois de grossesse : « Une paix infinie plane sur ces visages. On dirait qu'ils sont en attente depuis l'éternité. Mais c'est à la courte vie terrestre qu'ils se préparent, et ce n'est pas le sommeil qui ferme leurs yeux. » C'est de la poésie embryologique ou une arnaque ? Voici la simple et cruelle vérité : les yeux de la photo ne verront jamais[9].

Moi aussi je me suis souvent demandé si les femmes qui ont avorté de ces fœtus connaissaient les photographies de Nilsson. J'ignore si elles ont su que les restes de leurs avortements étaient devenus les symboles universels du « miracle de la vie » et que leurs images constituaient les armes d'une bataille pour refuser à de nombreuses femmes le droit dont elles avaient bénéficié. J'ai cherché le nom de la femme qui avait porté le *Fœtus 18*, mais je n'ai trouvé aucune trace d'elle.

Champs de bataille

Le 24 septembre 2002, à l'aube, on a retrouvé 17 baleines échouées sur la côte des îles de Fuerteventura et de Lanzarote. C'étaient des spécimens de la famille des ziphiidés, semblables à de grands dauphins qui, contrairement à beaucoup d'autres baleines, ne se nourrissent pas de plancton, mais de calmars et d'autres petites proies capturées dans les profondeurs. Dans les eaux de la mer, la lumière ne pénètre pas assez loin pour qu'ils aient une vision précise de leur environnement ; les ondes sonores, en revanche, s'y propagent à une vitesse plus de quatre fois supérieure à celle du son dans l'air. C'est pourquoi certains mammifères marins, dont les ziphiidés, ont développé des facultés perceptives appelées « écholocation » : ils émettent des signaux sonores très intenses qui ricochent sur le corps des proies, produisant un écho en retour qui leur permet de les localiser et de les identifier. Dans la nuit du 23 septembre 2002, l'OTAN effectuait une mission d'entraînement près des îles Canaries avec 58 navires, 6 sous-marins et 30 avions militaires ; les navires participant à l'exercice avaient testé l'utilisation d'un sonar innovant à haute intensité. Le sonar, acronyme de *sonic navigation and ranging*, est une technologie militaire développée pendant la Première Guerre mondiale ; comme l'écholocation animale, elle utilise la propagation des ondes sonores dans l'eau pour détecter d'éventuels obstacles et sous-marins ennemis. Grâce au regard du sonar, l'océan devient un champ de bataille parfaitement transparent ; mais si ces ondes sonores ont une fréquence totalement imperceptible pour l'oreille humaine, elles altèrent profondément les facultés d'orientation des mammifères marins, qui finissent souvent par s'échouer et mourir sur les côtes.

Peu après l'invention du sonar, l'intérêt pour une application des ondes au domaine médical a commencé à se répandre, mais c'est seulement dans les années 1950 qu'est apparue l'idée d'utiliser les ultrasons pour observer les tissus internes du corps humain. Cette technologie, baptisée plus tard « échographie », a été inventée en 1955 par le médecin britannique Ian Donald qui l'avait expérimentée sur plusieurs échantillons de matériel biologique : plusieurs fibromes utérins, un gros kyste ovarien et un énorme steak de bœuf. Il est rapidement apparu que les ultrasons permettaient de distinguer, grâce aux variations d'intensité du son réfléchi, les différents types de tissus traversés. Contrairement à toutes les autres technologies médicales employées jusqu'alors pour visualiser l'intérieur du corps, l'échographie était peu invasive, ne nécessitait pas l'utilisation de radiations électromagnétiques dangereuses et, pour la première fois, on pouvait discerner des tissus mous de composition et de densité différentes en analysant un seul signal. Dans un article publié plus de vingt ans plus tard, Donald se souviendra avec une pointe de moquerie que ses collaborateurs avaient refusé de consommer le steak utilisé dans les expériences, comme si le simple fait d'avoir été exposée au regard de la nouvelle technologie avait transformé la viande en quelque chose d'autre[10].

Dans les vingt ans qui ont suivi sa découverte, l'échographie est devenue incontournable dans l'expérience de la grossesse. Dès ses premières applications cliniques, le féminisme a redouté sa généralisation, soupçonnant dans son usage indiscriminé une volonté patriarcale de priver les femmes de leur autonomie en matière de procréation. L'échographie réalisait techniquement un projet caressé depuis des siècles et dont témoignent les planches anatomiques et, plus récemment, les photographies de Lennart Nilsson: rendre le corps de la femme complètement invisible, représenter le fœtus comme un sujet indépendant de la mère et, en même temps, soumettre le corps de la mère et celui du fœtus à une surveillance médicale constante. Il était évident que, à une époque marquée par l'opposition virulente des conservateurs au droit à l'avortement, cette technologie risquait de devenir très vite une arme politique particulièrement insidieuse.

En 1989, dans le cadre d'une mobilisation contre une nouvelle série de lois anti-avortements aux États-Unis, l'artiste Barbara Kruger a réalisé un photomontage montrant un visage de femme en noir et blanc barré du slogan « *Your body is a battleground* » (Ton corps est un champ de bataille). Ce n'était pas seulement une métaphore : la naissance de l'échographie grâce au sonar avait révélé une convergence entre l'exercice de la force militaire et l'extension technologique du regard sur les corps. On retrouve cette même convergence dans les innovations les plus marquantes du monde contemporain. La première caméra cinématographique, appelée « fusil photographique », a été mise au point à la fin du XIXe siècle sur le modèle de la mitrailleuse ; on la tenait et on l'actionnait exactement comme une arme, la seule différence étant que son barillet contenait une série de petites plaques photographiques au lieu de projectiles. « [Les] armes sont non seulement des outils de destruction mais aussi des outils de perception[11] », écrivait le philosophe français Paul Virilio en 1984. « [Les] technologies guerrières [vont] bouleverser le terrain, la matière, mais plus encore l'espace-temps de la vision par l'imbrication, le couplage de la machine de guet et de la machine de guerre moderne[12]. » Cette affinité généalogique entre armes et technologies visuelles mène à un partage d'outils, mais elle entraîne aussi, souvent, un partage d'objectifs : d'une part, la conquête et la domination d'un territoire inconnu ; d'autre part, la défense et le renforcement d'un ordre social et politique.

En obstétrique, les avantages de l'échographie sont indéniables ; sa généralisation a permis aux femmes de surveiller et d'éviter d'éventuelles complications, de connaître avec précision l'âge gestationnel et de faire des choix éclairés quant à la poursuite de leur grossesse. Reste que l'échographie est une technologie complexe sur le plan tant médical que culturel. Loin d'être des représentations immédiates du corps du fœtus, les images qu'elle produit nécessitent une grande expertise pour être réalisées et correctement interprétées. Sur le plan culturel, la diffusion de l'échographie a fourni des informations cruciales sur la santé des femmes, mais elle s'est peu à peu substituée à l'expérience incarnée de la grossesse, qui est ainsi passée du plan de la perception matérielle directe, dans une certaine mesure toujours privée et subjective, au plan de la représentation publique. Cette transition a eu au moins deux conséquences sur l'expérience psychologique et sociale de la grossesse. La première est liée au mélange de soulagement et d'inquiétude à l'idée que le fœtus doive être continuellement « surveillé », au cas où des écarts par rapport à la « norme » se manifesteraient. En d'autres termes, l'échographie initialement rassurante a fini par générer une impression constante de fragilité et de risque, impression qui peut facilement donner lieu, à son tour, à une forme de contrôle exercé sur tous les aspects de la vie quotidienne de la femme enceinte.

La deuxième conséquence est liée au paradigme de l'attachement maternel. Peu après la généralisation de l'échographie en obstétrique, des théories psychologiques ont commencé à circuler postulant que les femmes exposées aux images échographiques de leur fœtus développeraient un attachement plus « sain » à l'enfant à naître. Bien qu'aucune étude n'ait jamais démontré la validité de cette hypothèse, la théorie de l'attachement à travers l'échographie a été généralement acceptée dans les milieux médicaux. Les anti-avortements s'en sont emparés eux aussi, persuadés qu'en montrant l'échographie du fœtus à une femme qui envisage d'avorter, ou en l'obligeant à écouter les battements du cœur, on peut la faire changer d'avis[13]. Inévitablement, ces conjectures pseudo-scientifiques ont inspiré des violences psychologiques, dans certains cas autorisées par la loi. Aux États-Unis, dans pas moins de six États, les femmes qui souhaitent avorter sont tenues de se soumettre à une échographie, même en l'absence de nécessité médicale ; le médecin doit montrer et décrire l'image à la patiente avant de procéder à l'avortement. En Hongrie, depuis 2022, les femmes qui veulent avorter sont obligées d'écouter les battements de cœur de l'embryon avant l'intervention. En Italie, il arrive souvent qu'on délivre l'autorisation d'IVG seulement après que les battements du cœur du fœtus ont été vérifiés par échographie, bien que cette pratique ne soit pas prévue par la loi[14] ; en 2022, en Ombrie et dans les Marches, certaines femmes ont signalé qu'on les avait contraintes à écouter les battements du cœur de l'embryon avant de leur donner l'autorisation d'avorter[15]. Dans ce contexte, il est évident que la représentation du fœtus par échographie peut constituer un outil redoutable pour imposer un modèle de maternité « saine » et « normale » et culpabiliser les femmes qui, pour une raison ou une autre, n'adhèrent pas à ce modèle.

Dans une culture dominée par les images, la représentation technologique d'un corps n'est jamais un processus neutre ; le rôle ambivalent de l'échographie dans les politiques de natalité montre comment les technologies de genre peuvent renforcer et amplifier des paradigmes culturels préexistants. La « transparence » du corps féminin qu'on obtient grâce à l'échographie est l'héritage direct de la façon dont on imaginait et représentait le fœtus plus d'un siècle avant l'invention du sonar : c'est en quelque sorte la version contemporaine de l'embryon dans le bocal. La recherche constante de nouvelles technologies visuelles, comme l'échographie 4D qui reconstitue le fœtus telle une fiction cinématographique toujours plus réaliste, ne répond pas nécessairement à un réel besoin médical, c'est pourquoi les potentielles conséquences politiques de ces nouveaux regards ne doivent pas nous prendre au dépourvu. Ne pouvant exister en dehors du corps de la femme, le fœtus est une abstraction : c'est une technologie sociale complexe qui, à son tour, se reproduit par l'entremise de ses représentations. Construit à la fois comme un individu et comme un symbole, le fœtus contemporain appartient au pouvoir politique davantage qu'au savoir médical, au discours public plus qu'à l'expérience concrète des femmes.

Personne ne t'entend crier

Le documentaire datant de 1984 et intitulé *Le cri silencieux* s'ouvre sur l'image en noir et blanc d'une échographie, une image où je ne distingue rien, seulement des taches sombres indéfinissables. Une voix off masculine empreinte d'un calme autoritaire dit : « On peut voir sur ce visage le cri glaçant et silencieux d'un enfant confronté à son extinction imminente. » Alors que je m'efforce, comme dans un test de Rorschach, d'identifier le visage d'un enfant dans les taches indistinctes que je vois, un synthétiseur égrène les notes d'une mélodie inquiétante et les mots « *THE SILENT SCREAM* » apparaissent en fondu sur l'écran, en lettres rouges dont la police me fait penser à l'affiche du film *La nuit des morts-vivants.* Le documentaire, réalisé et interprété par Bernard Nathanson, médecin et militant pro-vie, raconte l'avortement d'un embryon de 12 semaines en montrant à l'écran la vidéo d'une échographie effectuée en direct pendant l'intervention. Les images de l'échographie sont entrecoupées de longs monologues de Nathanson qui, dans son bureau tapissé de livres, détaille l'anatomie de l'embryon à l'aide d'une longue baguette et de différents modèles en plastique. « Si, avant l'arrivée de l'échographie, l'humanité du fœtus ne reposait que sur la foi, à partir des années 1970, grâce au regard de la technologie, nous avons pu observer le fœtus à même l'utérus », déclare Nathanson. L'échographie aurait, selon lui, incité la science à conclure que « l'enfant à naître est tout simplement un autre être humain, un autre membre de la communauté humaine, en tout point semblable à n'importe lequel d'entre nous », en nous offrant la possibilité inédite de « voir l'avortement du point de vue de la victime ». Nathanson m'informe donc que je m'apprête à voir « un enfant déchiré, démembré, désarticulé, écrasé et détruit par les cruels instruments d'acier du médecin avorteur ».

Bien qu'il se présente comme un document objectif, sur le plan narratif et émotionnel, le documentaire est construit comme un film d'horreur. Son extrême efficacité propagandiste résulte d'un savant mélange d'effets spéciaux, de propos de l'ordre de la science-fiction et de manipulation psychologique du spectateur qui, troublé par les annonces répétées de violence et de démembrement, projette toutes sortes d'horreurs sur les ombres informes de l'échographie. Malgré les descriptions détaillées de Nathanson, les images de l'échographie restent quasiment indéchiffrables pendant une bonne partie du documentaire, au point qu'elles seraient parfaitement illisibles si elles n'étaient pas accompagnées du commentaire du médecin. Pour tenter de donner corps aux ombres grises à l'écran, le film s'achève par une séquence de photographies de fœtus morts dans un état de détérioration avancée – images représentant des fœtus bien plus développés que le « héros » du documentaire, un embryon de 12 semaines d'à peine 5 centimètres. Immédiatement après sa sortie, le documentaire a remporté un énorme succès : doublé dans de nombreuses langues et diffusé dans le monde entier, il est devenu l'une des armes de propagande les plus efficaces du mouvement anti-avortement ; près de quarante ans plus tard, il continue de circuler sur les sites web des mouvements pro-vie comme une des « preuves » les plus convaincantes du caractère criminel de l'avortement.

Le cri silencieux est un document particulièrement intéressant, car il met en évidence le pouvoir du regard technologique dans la construction d'une « œuvre de fiction biologique », dans laquelle le masque de l'objectivité scientifique occulte le récit idéologique. La technologie de l'échographie, qui produit des images dont le sens peut être facilement manipulé et déformé, permet à ceux qui s'en emparent de revendiquer un accès privilégié à la « réalité » d'un corps. Depuis l'avènement de l'échographie, ce rappel à la « réalité », martelé par les anti-avortements, s'est substitué en grande partie à une rhétorique morale ou religieuse explicite, et se réclame de la dimension médicale et technologique du savoir scientifique. Dans le langage des nouveaux conservateurs, la stratégie du rappel à la « réalité » ne se limite pas à la propagande anti-avortement, elle s'applique à d'autres combats : cette tactique s'est avérée particulièrement efficace pour contester l'accès à la transition de genre ou la reconnaissance juridique des identités sexuelles non binaires. Dans ce cas, la « réalité » invoquée est le sexe en tant que fait biologique, indiscutable car ancré dans la génétique.

Cette rhétorique est d'autant plus efficace que, si nous sommes habitués à situer la religion ou la morale dans une perspective de relativisme culturel, nous croyons que la « réalité » n'est aucunement conditionnée : elle est par définition objective et indépendante de l'observateur. La question de la « réalité » ne concerne pas seulement la représentation technologique du fœtus, elle peut s'appliquer à n'importe quel corps. Dès lors que nous confions aux technologies et aux représentations qu'elles produisent le soin d'édicter la « réalité » des corps, toute forme de désobéissance ou de déviation par rapport à cette « réalité » peut aisément être rappelée à l'ordre. Refuser de reconnaître le genre qui nous a été assigné à la naissance cesse d'être une revendication politique et devient une lutte contre la « réalité » de notre biologie ; défendre le droit à l'avortement n'est pas une revendication d'autonomie reproductive, mais un refus de regarder en face la « réalité » du fœtus. Ce qui autrefois constituait une violation, condamnable mais toujours possible, des coutumes ou des règles devient une impasse ontologique, une remise en cause de l'ordre naturel des choses. Et quand elle ne se présente plus comme un fait concret par-delà le bien et le mal, mais comme une valeur à défendre toujours susceptible d'être corrompue et déformée par le regard déviant du progressisme contemporain, cette « réalité » révèle ses véritables connotations morales.

L'oppression politique est passée du plan prescriptif de la morale au plan descriptif de la « réalité ». La seule façon, certes laborieuse, de déconstruire cette mutation est de réfléchir sur les moyens technologiques concrets qui ont permis de fabriquer ces « réalités », de la même façon qu'un film d'horreur est plus tolérable quand on sait que ce qui est montré comme étant du sang n'est que du jus de tomate. Peu après la sortie du *Cri silencieux*, l'association américaine Planned Parenthood a publié une brochure d'information dans laquelle un groupe d'experts contestait point par point les affirmations de Nathanson, soulignant qu'un fœtus de 12 semaines n'a pas un cerveau suffisamment développé pour ressentir une quelconque douleur. En tout état de cause, le fœtus ne pourrait émettre aucun « cri silencieux », puisqu'il n'a pas d'air dans les poumons. De telles informations sont précieuses pour démystifier le message du film, mais contester les affirmations des anti-avortements en restant sur le plan de la « réalité » risque d'être une stratégie inefficace : l'enjeu n'est pas d'établir si le contenu d'une campagne anti-avortement est vrai ou faux, mais de comprendre pourquoi ce contenu est diffusé, en lisant le message politique habilement caché derrière la « réalité ». Que se passerait-il si l'on obtenait la preuve scientifique qu'un fœtus de 12 semaines est capable d'éprouver une forme primitive de douleur ? La politique peut-elle être déterminée par le résultat d'une expérience de laboratoire ? Un « fait » scientifique universel est-il suffisant pour refuser à une femme le droit de disposer de son corps et de son avenir ?

Pour contester efficacement le discours anti-avortement et autres rhétoriques conservatrices similaires, il faut abandonner le plan de la « réalité » et passer à celui de la narration, pour révéler et réfuter le message moral et politique caché sous l'immédiateté apparente du regard technologique. « Si nous remettons *Le cri silencieux* à sa place, c'est-à-dire dans la catégorie de la *représentation culturelle* plutôt que dans celui de la *preuve médicale,* nous constatons qu'il incorpore les images échographiques de la grossesse à un spectacle cinématographique », écrivait la politologue Rosalind Pollack Petchesky en 1987. « Sous l'apparence d'un document médical, il camoufle et renforce en même temps un ensemble de messages codés qui fonctionnent comme des signaux politiques et des injonctions morales[16]. » Contrairement aux effets spéciaux d'un film, il nous semble bien plus difficile de classer les images obtenues grâce aux technologies médicales telles que l'échographie dans le domaine de la « fiction ». Il ne s'agit pas de nier que ces technologies ont un rapport avec la « réalité » de nos corps ni de présenter le savoir médical comme une invention sociale dépourvue de consistance. Il s'agit au contraire de mettre en lumière la complexité – matérielle, culturelle et historique – de la relation des technologies à notre corps. Quel fil relie le corps d'un fœtus dans un bocal et une technologie militaire comme le sonar ? Quels discours politiques se cachent derrière la dissolution, par les ultrasons, du corps de la femme ?

Idéologies

« Voilà. Ce n'est pas de l'idéologie. Tout est là : un embryon qui devient un enfant. » Ces commentaires accompagnent une publication datant de 2021 sur le blogue de l'association Pro-life & Familia intitulé « Avortement, ce qu'on ne vous a jamais montré ». Sous ces quelques lignes, une série de photographies illustre le développement d'un embryon de la fécondation jusqu'à 12 semaines de gestation, le terme maximal pour l'IVG (en Italie). Sur les images, les embryons flottent dans un espace noir, sereinement enveloppés dans leur sac amniotique. La séquence est suivie d'une deuxième série de photographies, où l'on montre des fœtus avortés couverts de sang, entre les mains gantées de médecins ou dans la froide étreinte de pinces en acier. Leurs corps partiellement démembrés sont disposés de façon à mettre en évidence leurs membres, leurs têtes et leurs petits os. « La preuve des faits doit être libre d'atteindre le plus grand nombre de personnes possible, de manière directe, peut-on lire. Ces données objectives doivent même faire l'effet d'un coup de poing dans l'estomac : c'est pourquoi nous avons voulu présenter la vie le plus directement possible, en l'opposant à sa mort la plus prématurée. »

Sur le plan discursif, ce message repose sur deux dichotomies. La première est l'opposition entre la vie et la mort : les images merveilleuses de la vie avant la naissance s'opposent aux images terrifiantes de la mort prématurée de l'embryon afin de provoquer immédiatement une réaction d'effroi et de dégoût chez le spectateur. La deuxième dichotomie oppose « réalité » et « idéologie ». En soulignant que le fœtus « n'est pas de l'idéologie », celui qui écrit balaye les accusations de manipulation des faits souvent formulées à l'endroit des anti-avortements, qui accusent en retour les pro-avortement d'occulter la « réalité ». Puisque l'existence du fœtus en tant que personne humaine passe par des images photographiques, l'argumentation ne semble pas nécessaire : pour étayer le fait que l'embryon ne peut pas être idéologique – et, par conséquent, qu'un corps ne peut pas être intrinsèquement politique –, il suffit d'invoquer le sens commun. Les corps existent dans l'espace de la réalité, les idéologies dans l'espace du discours. Seule une personne dépourvue de bon sens se hasarderait à soutenir le contraire.

En regardant de plus près les merveilleuses images qui illustrent la croissance du fœtus dans le ventre maternel, je me rends compte que je les ai déjà vues. Certaines sont des reproductions des tristement célèbres photos de fœtus à peine avortés prises par Lennart Nilsson en 1965, et montrent objectivement la même chose que les images de « cadavres » un peu plus bas. Étonnamment, la même réalité corporelle, manipulée et « mise en scène » différemment, transmet des messages et des émotions diamétralement opposés : l'émerveillement et le dégoût, le miracle de la vie et l'horreur de la mort. Cette ambivalence du corps du fœtus témoigne de sa réelle neutralité sémantique, c'est-à-dire sa capacité à absorber les discours politiques qui le traversent, telle une éponge, en en faisant tour à tour un vivant ou un mort, une horreur ou un miracle. Quoi qu'il en soit, ni le fœtus comme « enfant vivant » ni l'avortement comme « meurtre » ne pourraient exister sans une opération imaginaire et technologique séparant le corps de l'embryon du corps de la femme qui le porte dans son utérus. En ce sens, le fœtus *est* une idéologie : son corps se cristallise à la frontière des discours dont il est l'objet et des pratiques technologiques qui le rendent visible.

Dans un essai publié en 1998, la sociologue Monica J. Casper a utilisé le terme de « technofœtus » pour désigner une « créature hybride créée par le biais de pratiques hétérogènes et hautement techniques[17] », au premier rang desquelles l'échographie. Le « technofœtus » n'est pas un corps naturel; sa « naturalité » est le résultat d'une illusion d'optique. En ce sens, le « technofœtus » est un organisme dans lequel la matérialité biologique du corps a fusionné avec la technologie. Représenter un corps, ce n'est pas tant témoigner passivement de son existence que contribuer activement à sa « matérialisation », c'est-à-dire à sa construction en tant que sujet politique dans la société, et en tant qu'objet de connaissance dans la nature. Les technologies comme l'échographie, qui nous permettent de produire des images de corps invisibles, n'observent pas une réalité préexistante, mais construisent des artefacts. Je ne veux pas dire par là que ces artefacts sont « faux » ou « irréels » ; je veux dire que leur existence au monde est légitimée par un réseau complexe et stratifié de pratiques et de discours historiquement situés.

Ces dernières années, la révocation du droit fédéral à l'avortement aux États-Unis, sa restriction en Hongrie et les propositions de loi de la droite italienne pour la reconnaissance du fœtus comme « personne morale » érodent le droit des femmes à choisir dans l'ensemble du monde occidental. En Italie, la proportion des objecteurs de conscience parmi le personnel médical dépasse les 80 % dans certaines régions, ce qui dans de nombreux cas rend l'accès à l'avortement concrètement impossible. Je suis consciente que tout cela a des conséquences sociales et politiques lourdes qui vont bien au-delà des considérations épistémologiques que j'ai choisi d'exposer dans ce chapitre. Mais le système politique « vertical » qui impose la négation d'un droit sur le plan juridique et institutionnel est souvent accompagné et légitimé par la construction technoscientifique de nouveaux regards et de nouvelles « réalités ». J'espère que l'ouverture d'un espace de discussion sur le rôle de la technologie dans la construction du fœtus en tant qu'artefact culturel et scientifique contribuera à démasquer les discours idéologiques qui se cachent derrière les images.

Conclusion

Wetware

Mon *period tracker*, une application de suivi du cycle menstruel, interagit avec moi par l'intermédiaire d'un *chatbot* qui m'impose un monologue sur fond rose auquel je ne peux répondre que par une série de réactions prédéfinies. « Que désirent le plus les femmes quand elles ont leurs règles ? » me demande mon assistant de santé le premier jour de mon cycle. « Que désirent-elles ? » suis-je obligée de répondre. Le robot m'envoie une infographie en forme de camembert. Sur une moitié du camembert, on peut lire : « Qu'elles soient FINIES ». L'autre moitié est divisée en tranches colorées : « Des câlins », « Se reposer », « Regarder Netflix », « Des nouvelles chaussures » et « Du chocolat ». Comme l'effondrement de mon taux d'œstrogènes n'aiguise pas particulièrement mon sens de l'humour, je me demande s'il s'agit de données biométriques volées à d'autres utilisatrices qui, comme moi, n'ont jamais lu les politiques de confidentialité, ou si l'« assistant médical personnalisé » essaie simplement de plaisanter. Quoi qu'il en soit, ne pouvant répondre autrement, je me contente de taper « :) ».

L'émergence des applications de suivi de cycle menstruel a été provoquée, au moins en partie, par le besoin de combler une lacune dans l'accès des femmes aux nouvelles technologies numériques de suivi de la santé. En 2014, lorsqu'Apple a lancé Health, le tout premier logiciel de suivi de santé, celui-ci promettait de surveiller tous les aspects de la santé de ses utilisateurs, mais contre toute attente il n'incluait pas de fonction de suivi du cycle menstruel. C'est dans ce vide qu'est née la *femtech*, terme qui désigne les technologies numériques émergentes consacrées à la « santé des femmes », qu'on fait coïncider, sans grande subtilité, avec leur santé reproductive. Parmi les applications de suivi du cycle menstruel les plus répandues et les plus populaires chez les générations Y et Z, Clue s'est taillé une place de choix, notamment pour sa politique de transparence en matière de traitement des données personnelles; en outre, son interface minimaliste, blanche et rouge, contraste avec l'esthétique hyperféminine, presque infantilisante, qui prévaut dans les applis concurrentes. Interrogée sur les raisons qui l'avaient incitée à développer son application, l'entrepreneuse danoise et fondatrice de Clue, Ida Tin (à qui l'on doit d'ailleurs le terme *femtech*), a avoué que c'était son expérience directe des effets secondaires de la pilule contraceptive qui l'avait poussée à imaginer une solution de rechange: « J'ai eu l'impression que les gens voulaient moins de chimie dans leur vie. »

Ce n'est pas qu'une impression. Précédemment, j'ai raconté comment mon inquiétude quant à l'impact de la pilule sur ma santé physique et psychologique m'avait poussée à l'arrêter définitivement; comme moi, de nombreuses femmes de ma génération ont développé une méfiance compréhensible envers la contraception hormonale, préférant s'orienter vers d'autres méthodes contraceptives. Même si toutes les applications de suivi du cycle menstruel ne sont pas conçues comme des méthodes contraceptives, elles permettent d'identifier plus facilement les différentes phases du cycle ovulatoire en indiquant avec un certain degré de précision la période fertile et la date des prochaines règles. Natural Cycles est une start-up fondée par la Suédoise Elina Berglund, une physicienne des particules qui, avant de devenir entrepreneuse numérique, a travaillé avec le groupe de recherche à l'origine de la découverte du boson de Higgs. Berglund a conçu une application qui combine des algorithmes d'intelligence artificielle et des données biométriques collectées quotidiennement auprès des utilisatrices, ce qui permet d'obtenir, d'après ses déclarations, une efficacité contraceptive comparable à celle de la pilule. Le marketing de l'entreprise mise sur une opposition explicite à la contraception hormonale, à commencer par son nom. Sur le compte Instagram de Natural Cycles, au milieu de nombreuses infographies, sketchs humoristiques et aphorismes, on trouve une image divisée en deux par une ligne noire : à gauche, un préservatif, un stérilet et une plaquette de pilules accompagnés de la légende « Créés par un homme » ; à droite, l'interface de Natural Cycles et les mots « Créée par une femme ». Le désir d'un retour à une gestion plus « naturelle » de la fertilité féminine a largement contribué à l'explosion de la *femtech,* devenue un des secteurs technologiques les plus prometteurs du moment : en 2021, les applications de suivi des règles ont attiré près de deux milliards de dollars d'investissements.

Au-delà de la rhétorique facile de l'*empowerment*, si ces applications ont suscité des investissements aussi massifs, c'est parce qu'elles permettent de collecter des données précieuses sur la corrélation entre les phases du cycle d'ovulation, le mode de vie et les habitudes de consommation des utilisatrices. Comme les femmes qui utilisent régulièrement les applications de la *femtech* se comptent aujourd'hui par dizaines de millions, la quantité de données produite est sans précédent. Selon plusieurs enquêtes journalistiques publiées ces dernières années, les algorithmes de marketing pourraient exploiter les changements hormonaux des femmes au cours de leur cycle pour proposer différents produits avec des publicités plus ciblées[1]. Ainsi, pendant l'ovulation – une phase qui se caractériserait par un plus grand intérêt pour l'activité sexuelle –, les utilisatrices se verraient proposer des articles visant à accroître la compétitivité avec les autres femmes, tels que des cosmétiques et de la lingerie ; pendant la phase prémenstruelle – où la femme tendrait plutôt à se concentrer sur le soin –, les publicités miseraient sur des produits liés au bien-être et à l'entretien de la maison. Même Clue, qui se targue d'être plus transparente que ses concurrentes et prétend ne collecter les données personnelles que de manière anonyme et à des fins de « recherche scientifique », a récemment conclu un partenariat avec L'Oréal « pour étudier la relation entre la santé de la peau et le cycle menstruel » et « développer de meilleures routines de soins personnalisées », comme l'indique un communiqué de presse de la multinationale de produits cosmétiques[2].

Les technologies du XXIe siècle sont différentes de celles du passé. Leur relation au corps est de plus en plus indirecte : elles n'agissent plus en transformant l'organisme de l'intérieur, sur le plan matériel, comme la pilule contraceptive ; elles construisent plutôt autour du corps une infrastructure immatérielle, qui a cependant une influence toujours plus profonde sur le comportement des personnes, même hors de l'espace numérique. Les technologies traditionnelles opèrent une séparation nette entre l'utilisateur – c'est-à-dire le sujet qui gère la technologie – et l'outil – qui est l'objet utilisé. Avec de nombreuses technologies du XXe siècle, y compris avec les hormones synthétiques, l'utilisateur et l'outil commencent à se confondre et à se mélanger. En revanche, avec les technologies du XXIe siècle, le corps de l'utilisateur humain a été réduit à un support physique passif, contrôlé par une technologie totalement désincarnée. Pour désigner cette nouvelle relation entre le corps et la technologie, je voudrais proposer le terme *wetware,* un mot popularisé par la littérature cyberpunk des années 1980. Si le disque dur est l'infrastructure physique de la machine informatique et si le logiciel est constitué des algorithmes qui tournent dans la machine, le *wetware* (le préfixe *wet* renvoie à la composition « humide » des organismes biologiques) correspond au corps de l'être humain qui, n'étant plus aux commandes de la technologie, en devient une des composantes. Dans les technologies de dernière génération, dont les applications de suivi des règles sont un des exemples les plus représentatifs, le corps vivant n'est plus que le *wetware* d'un algorithme : c'est l'infrastructure biologique que la technologie utilise pour fonctionner.

La popularité de la pilule s'est appuyée sur le besoin légitime des femmes de retrouver leur autonomie reproductive, laquelle ne leur a été accordée qu'au prix d'un traitement pharmacologique invasif, aux conséquences physiques et psychologiques encore largement imprévisibles. De même, la *femtech* exploite le désir d'un « retour à la nature » pour asseoir une forme de contrôle technologique plus subtile, mais non moins envahissante que celle de la contraception hormonale. Grâce à une « confidente numérique » fictive affublée d'interfaces colorées et de vignettes amusantes et frénétiquement saccadées comme dans un jeu vidéo, le *tracker* de règles ne se contente pas de collecter des données biométriques ; il intervient directement pour normer la vie privée des femmes, dans ses aspects les plus intimes : sexualité, nutrition, cosmétiques, habillement. Nombre de ces applications jouent sur l'émotivité des utilisatrices dans le but de leur extorquer des informations, profitant de leurs insécurités et de leurs peurs pour s'immiscer dans leur vie quotidienne. L'un des aspects les plus inquiétants de la *femtech* est le rôle ambigu qu'elle peut jouer dans un climat politique où le droit à l'autodétermination reproductive est constamment menacé. Récemment, après que la protection constitutionnelle du droit à l'avortement a été abrogée aux États-Unis, beaucoup de femmes ont exprimé la crainte que leur *tracker* de règles ne collecte et ne partage avec des tiers des données confidentielles sur leur santé reproductive – des données qui témoigneraient par exemple de grossesses non désirées et d'avortements[3]. Dans ce contexte, les injonctions culturelles adressées aux corps des femmes, les politiques en matière de procréation, les équilibres hormonaux et les nouvelles stratégies de marketing numérique tissent une toile de surveillance biotechnologique qui n'a pas grand-chose à voir avec une réappropriation éclairée par les femmes du contrôle de leur fertilité.

« Parlons de vos émotions », m'écrit l'assistant de santé personnalisé dans la boîte de dialogue. « À cause des fluctuations hormonales, votre humeur peut être imprévisible. L'anxiété porte sur l'avenir: restez dans le présent. Comment mieux contrôler votre faim? Évitez d'avoir des goûters prêts à grignoter dans vos placards. Intégrez les bananes à votre régime. Optez pour des produits de maquillage à consistance légère. Appliquez des compresses froides sur votre tête, faites du yoga, du tai-chi et de l'acupuncture. Un conseil: respirez profondément. Ayez confiance en vous chaque jour. Vous êtes trop FORTE!»

Mauvaises féministes

En 1970, la théoricienne et militante Shulamith Firestone n'avait que 25 ans lorsqu'elle a publié *La dialectique du sexe,* un texte incendiaire qui laissera une trace indélébile dans l'histoire de la pensée féministe. Dans son livre, elle conteste l'idée selon laquelle l'oppression des femmes serait le résultat des conditionnements sociaux et culturels, et affirme au contraire que la fonction reproductive que les femmes assument lors d'une grossesse représente une asymétrie inhérente à la nature humaine. Toutefois, reconnaître les fondements biologiques de cette inégalité ne veut pas dire qu'on se résigne à la subir éternellement. Selon Firestone, «ce qui est naturel n'est pas nécessairement une valeur humaine[4]»: la clé de la révolution féministe à venir se trouve dans la possibilité de transformer la biologie en éliminant la différence sexuelle grâce à la technologie. *La dialectique du sexe* a surtout été critiqué pour sa vision d'un avenir où le travail reproductif, comme l'ensemble du travail de production, serait entièrement automatisé, une proposition relevant de la science-fiction et, selon certains critiques, de la pure dystopie. On considère aujourd'hui Firestone comme l'une des rares théoriciennes féministes de son époque à avoir décrit les technologies, et les technologies reproductives en particulier, non pas comme un outil patriarcal oppressif, mais comme un vecteur d'émancipation nécessaire à la lutte pour la libération des femmes. Selon Firestone, la rencontre avec la technologie n'est pas un processus déshumanisant. C'est la nature qui nous prive de notre humanité authentique en nous rendant esclaves du travail productif et reproductif, alors que nous pourrions mener, précisément grâce à la technologie, « une vie véritablement humaine[5] ».

Vu depuis notre millénaire, cet humanisme techno-optimiste peut sembler très naïf et dépassé. Nombre de technologies reproductives contemporaines, de la pilule contraceptive au *tracker* de règles, ont renforcé le caractère oppressif de la nature dont Shulamith Firestone espérait nous voir libérées. La théoricienne était toutefois profondément consciente qu'un contrôle technologique de la fertilité peut s'avérer dangereux, dans une société où le développement de nouvelles technologies est soumis à la logique du capitalisme patriarcal. « La nouvelle technologie et surtout le contrôle des naissances, écrivait-elle, peut être employée contre [les femmes] afin de renforcer ce système d'exploitation[6]. » C'est précisément pour cette raison que l'avenir envisagé par Firestone ne se limitait pas aux utérus mécaniques pour lesquels elle a été si violemment critiquée. Selon elle, le progrès des techniques de reproduction ne pourrait devenir véritablement féministe sans une radicale transformation sociale et économique de l'ensemble de la société. Dans un tel processus, la frontière entre le savoir technoscientifique et la société serait progressivement abolie et les femmes pourraient reprendre la main sur les technologies reproductives.

En rejetant aussi bien la construction culturelle du genre que la célébration gynocentrique du corps féminin, Firestone a été la première à comprendre que la question de la technologie serait centrale dans le féminisme contemporain. Il a fallu attendre quinze ans pour qu'une nouvelle génération d'autrices suive ses pas. Ce qui rend Firestone si difficile à lire aujourd'hui, c'est que le cœur de sa réflexion est à l'opposé du constructivisme qui caractérise notre sensibilité contemporaine. Pour échapper à l'oppression qu'exercent sur nous les limites de la nature, il faut commencer, paradoxalement, par reconnaître l'importance du corps dans la construction de nos identités. Sommes-nous de « mauvaises féministes » quand nous affirmons que la biologie joue un rôle dans la définition de la féminité ? La question n'est pas nouvelle, mais elle est toujours urgente. Le risque avec un point de vue « essentialiste » comme celui de Firestone, c'est que les subtilités de la construction sociale et culturelle du genre passent sous le rouleau compresseur du déterminisme biologique. Mais un cadre théorique incapable de considérer le corps sexué dans sa différence matérielle empêche tout discours critique sur les effets des technologies de reproduction, anciennes et nouvelles, oppressives ou émancipatrices. En reconnaissant les fondements biologiques de l'oppression, Firestone ouvre une voie praticable pour transformer la nature ; lorsque la révolution sexuelle sera achevée, la biologie reproductive elle-même n'aura plus de sens, car on aura atteint un état de fluidité de genre absolue où « les différences génitales entre les êtres humains n'auront plus aucune valeur culturelle ».

La position exprimée dans *La dialectique du sexe* prête sans aucun doute le flanc à de nombreuses critiques : en particulier, son réductionnisme fondamental, qui ramène toutes les formes d'oppression à la biologie du corps, et son indifférence à l'intersection du féminisme avec d'autres luttes spécifiques. Mais, malgré les limites de sa pensée, Firestone a eu le mérite de proposer une démystification radicale de la nature, en soutenant que le caractère naturel de la différence sexuelle ne suffit pas à la rendre politiquement légitime. À mon sens, la foi que place Firestone dans le fondement biologique de l'oppression féminine, aussi « démodée » soit-elle, n'est pas une raison suffisante pour nier l'apport de sa pensée : elle nous a laissé en héritage un arsenal d'outils théoriques pour opposer l'utopie à la réalité, la créativité de la technologie aux limites étouffantes d'un ordre naturel sans issue. « Voilà le piège classique que l'on tend toujours à un révolutionnaire : "Avez-vous une autre solution à proposer ?" Mais même s'il vous était possible de répondre à votre interlocuteur en lui tendant les plans d'une société future, cela ne signifie pas qu'il les utiliserait », peut-on lire dans la conclusion de *La dialectique du sexe.* « De toute façon, les opprimés n'ont aucun besoin de chercher à convaincre les autres. Tout ce qu'ils doivent savoir, c'est que le système actuel est en train de les détruire[7]. »

Vieux cyborgs, nouveaux fantasmes

« Chaque technologie est une technologie reproductive[8]. » J'ai souligné cette phrase dans un article paru en 1984, quatorze ans après *La dialectique du sexe* et un an avant le célèbre

Manifeste cyborg de Donna Haraway, qui lancera un nouveau courant de pensée féministe revendiquant le métissage du corps biologique et de la technologie[9]. La phrase que j'ai soulignée est tirée d'un texte de Zoë Sofoulis dans lequel, comme je l'ai déjà mentionné dans le chapitre 4, l'autrice étudie le lien entre la diffusion des technologies de genre et la prolifération des technologies militaires. Sofoulis est une chercheuse féministe australienne, contemporaine de Donna Haraway, dont les écrits sont restés assez peu connus en dehors des cercles universitaires. « Le fait d'être considérée comme une "Donna Haraway des antipodes" m'a toujours mise mal à l'aise[10] », confesse Sofoulis dans un article de 2015, rappelant les nombreuses occasions où, en l'absence de la star du féminisme contemporain, on lui avait demandé de parler à sa place. Malgré la similitude des thèmes abordés et la proximité de leurs écritures, les deux chercheuses avaient des positions très différentes sur la relation entre le corps et la technologie. Alors qu'Haraway voyait dans la figure mythologique du cyborg un moyen de dépasser la dualité oppressive entre nature et culture, Sofoulis restait dans la lignée du féminisme matérialiste qui l'avait précédée : elle considérait les technologies contemporaines comme l'expression d'une culture patriarcale violente, où l'imaginaire du progrès technoscientifique préfigurait une aliénation progressive du corps. Leurs réflexions profondément divergentes les ont toutefois amenées à se retrouver sur un point commun : la réflexion sur la technologie est une réflexion intrinsèquement féministe, même lorsque les technologies dont il est question n'ont, du moins en apparence, rien à voir avec le sexe et la reproduction. *Chaque technologie est une technologie reproductive* parce que la rencontre de l'être humain avec la technologie génère les corps et les identités du futur.

Lorsque j'ai commencé à défricher les thèmes de cet essai, je n'étais pas sûre de la conclusion à laquelle je voulais arriver. Et si j'ai décidé d'écrire un livre sur la relation entre les technologies et le corps des femmes, c'est sans doute par désir d'aller au fond de cette insécurité. J'ai toujours été fascinée par le récit posthumaniste qui présente la technologie comme une force capable d'ébranler les fondements de ma vision du monde, à commencer par l'essentialisme biologique qui profère sur ma nature des vérités sans appel dans lesquelles je ne me suis jamais entièrement reconnue. D'autre part, comme toute personne ayant grandi au XXIe siècle, j'ai été confrontée à la présence insidieuse et totalitaire de la technologie dans ma vie, une force tout aussi tyrannique que la nature que j'avais apparemment laissée derrière moi. Les rêves de transcendance technologique portés par le féminisme de la fin du XXe siècle se sont révélés totalement inadaptés à la pénible réalité d'un monde dans lequel, loin d'être des alliées, les technologies obéissent de plus en plus aux logiques de discipline et de profit pour lesquelles elles ont été produites, et renforcent souvent, au lieu de la défaire, la naturalisation des rôles de genre. Aujourd'hui, que nous le voulions ou non, nous sommes toutes des cyborgs malheureuses. Certaines plus malheureuses que d'autres.

« Pour une créature censée échapper à la rhétorique providentielle, observe Sofoulis, on constate avec ironie [...] à quel point le cyborg est souvent considéré comme une figure salvatrice[11]. » L'engouement naïf de certains courants féministes contemporains pour le progrès technologique venait sans doute de la conviction qu'il suffisait de déconstruire la nature pour résoudre le problème de l'oppression de genre; que si nous nous hybridions avec la technologie, le «problème» du corps cesserait tout simplement d'exister. Mais, pendant que nous fantasmions sur une libération de la matière par la technologie, nos corps, et en particulier les moins privilégiés d'entre eux, sont devenus chaque jour plus exploités et vulnérables. Sans nous en rendre compte, nous avons laissé le modèle du cyborg – un hybride parfait où se fusionnent matière et société, corps et discours – être supplanté par le modèle du *wetware*, où le corps est réduit à un périphérique de chair et de sang sur lequel s'exécutent les algorithmes désincarnés de nos identités culturelles. Dans toute son ambiguïté morale et épistémologique, la figure du cyborg ne nous a jamais invités à abandonner le terrain du corps, même si elle a canalisé le désir de trancher net le nœud gordien entre corps et identité, biologie et société, qui pendant longtemps a empêché le féminisme d'évoluer dans de nouvelles directions. La puissance de la métaphore du cyborg nous a caché l'étendue du réseau de corps et de discours qui a façonné les technologies contemporaines au cours de l'histoire, réduisant le rapport ambigu entre technologie et nature à l'idée que chaque dispositif apparemment en mesure de nous affranchir des limites de la matière nous rendrait automatiquement plus libres et plus heureux.

L'héritage le plus précieux que le cyborg laisse au féminisme n'est pas la perspective salvatrice d'une sublimation de nos corps. Il nous montre au contraire combien il est important de construire des récits et des métaphores pour nous guider à travers la complexité politique et épistémologique des questions de genre. Redevable de cet héritage, ce livre est né du besoin de trouver une nouvelle métaphore.

Ma recherche a commencé par un retour en arrière jusqu'au XIXe siècle, une époque à la fois très différente de la nôtre et curieusement semblable, où la science et la technologie semblaient détenir la clé de la nature mystérieuse des corps. Là où la lumière éblouissante de ce siècle positiviste commençait à projeter ses ombres, j'ai trouvé l'ectoplasme. Contrairement au cyborg qui est le fruit des vertigineux progrès du savoir technoscientifique, l'ectoplasme est une entité prémoderne et fantomatique, un résidu du mélange irrationnel des corps et des esprits. La relation entre l'ectoplasme et la technologie est forcément ambivalente : c'est un corps mystérieux et invisible qui échappe toujours au regard technologique, et en même temps c'est une technologie, une construction artificielle ne se manifestant qu'au contact des dispositifs qui l'observent. L'ectoplasme est un corps qui se matérialise à la frontière entre réalité et imagination : il est à la fois un artefact concret, créé par les médiums à partir d'un assemblage d'autres corps, et une émanation incorporelle qui se donne à voir seulement dans l'obscurité de la séance de spiritisme.

Le mot « matérialisation », presque dans son acception spirite, est le fil rouge de ce travail de recherche, un fil qui relie toutes les histoires que j'ai choisi de raconter dans ce livre. Nos hormones sexuelles se sont matérialisées à partir d'une racine cueillie dans la jungle ; une grenouille sud-africaine transformée en laboratoire biochimique vivant a matérialisé nos grossesses ; le fœtus s'est matérialisé dans le regard d'un dispositif de surveillance militaire. Dans chacun de ces récits, la technologie était un espace de médiation entre la nature secrète et inaccessible des corps et notre capacité à les comprendre, à les représenter et à les intégrer au savoir scientifique et au pouvoir politique. Sommes-nous sûrs que cette nature secrète et inaccessible des corps a une préséance chronologique et ontologique sur les technologies qui nous permettent de la connaître ? Sommes-nous certains qu'elle n'est pas, comme l'ectoplasme, l'hallucination d'un regard qui a trop longtemps scruté la pénombre ?

L'idée qu'un corps puisse se « matérialiser » défie notre sens commun : habitués que nous sommes à articuler nos discours autour des concepts de « réel » et d'« irréel », d'« existant » et d'« inexistant », il nous est difficile d'accepter qu'un corps ne se réduise pas à ces dichotomies. On peut balayer les matérialisations d'ectoplasmes d'un revers de main, arguant qu'elles sont le produit de l'esprit impressionnable de personnes encore à moitié plongées dans une torpeur préscientifique, incapables de distinguer la vérité de la fiction. Pourtant, ce sont précisément les scientifiques les plus respectés de l'époque qui considéraient l'ectoplasme comme un fait biologique indiscutable. Les ectoplasmes ont été répertoriés, photographiés, disséqués et analysés au microscope : plus la science les étudiait, plus leur « irréalité » devenait « réelle » ; plus le savoir sur les ectoplasmes se développait, plus ces derniers se multipliaient, évoluant de pair avec le regard qui les observait ; s'ils se conformaient parfois aux attentes de leurs observateurs, ils présentaient d'autres fois des caractéristiques tout à fait inattendues, défiant continuellement les limites du savoir qui cherchait à les conceptualiser.

On peut sourire de la naïveté du regard de la Belle Époque, mais le monde dans lequel nous vivons aujourd'hui n'est pas moins envahi de fantômes. La science contemporaine est une machine qui matérialise sans cesse de nouveaux corps :

atomes, molécules, chromosomes, virus, organes, espèces et galaxies. Par le mot « matérialisation », je n'insinue pas que ces corps sont le fruit d'inventions, de sortilèges ou de complots, je veux seulement proposer un nouveau concept afin de les situer en dehors de la catégorie de la « réalité ». Lorsque je parle de « matérialisation des corps », il ne s'agit pas de création de matière à partir de rien : je ne veux pas dire qu'un corps matériel peut commencer à exister simplement par l'action d'une force magique et spirituelle. Par le terme « matérialisation », je renvoie à l'ensemble des processus historiques, culturels, idéologiques, biochimiques et médiatiques qui nous permettent de tracer les contours de ce que nous apprenons à reconnaître comme « un corps ».

Ainsi que l'histoire des technologies de genre l'a montré à maintes reprises, aucun processus de matérialisation n'est en soi bon ou mauvais, réactionnaire ou révolutionnaire. Les conséquences oppressives et violentes de ces matérialisations sont toujours le résultat d'une opération de dissimulation consistant à naturaliser le produit d'un processus technologique, à le priver de sa profondeur matérielle, historique, culturelle et politique. Parler des corps en termes de « nature » et de « réalité », comme on le fait souvent quand il s'agit de questions de genre, revient à invisibiliser toutes les imbrications de savoirs et de pouvoirs qui ont permis à ces mêmes corps de prendre forme. La matérialisation n'a rien à voir avec la réalité ou l'irréalité, avec l'existence ou la non-existence d'un corps. C'est un processus qui nous permet de nous rapprocher de nos corps et des autres corps en renonçant au verbe *être*. Dans une culture qui exige de nous une constante autocertification d'existence, qui nous demande sans cesse de déclarer « qui nous sommes » et « ce qu'est notre corps », revendiquer l'espace technologique et poétique entre réalité et irréalité n'est pas une échappatoire rhétorique, mais une stratégie politique de joie et de survie.

Bibliographie

Introduction

Le concept de « technologie de genre » a été introduit pour la première fois par Teresa de Lauretis dans *Technologies of Gender: Essays on Theory, Film, and Fiction,* Bloomington, Indiana University Press, 1987. Dans son essai, De Lauretis utilise le concept de « technologie » comme le fait Michel Foucault, en particulier dans son ouvrage, *Histoire de la sexualité,* t. 1, *La volonté de savoir,* Paris, Gallimard, coll. « Tel », 1994 [1976]. Sur le rapport entre vérité et pouvoir, voir Michel Foucault, *L'ordre du discours,* Paris, Gallimard, coll. « Blanche », 1971.

Le texte fondateur du débat contemporain entre constructivisme et essentialisme est l'essai de Judith Butler, *Trouble dans le genre. Le féminisme et la subversion de l'identité,* Paris, La Découverte, coll. « Poche », 2006 [1990]. Mais c'est dans *Ces corps qui comptent. De la matérialité et des limites discursives du « sexe »,* Paris, Amsterdam, 2018 [1993] que Judith Butler mène une réflexion ontologique sur le corps comme processus de matérialisation.

Ectoplasmes

Le thème du spiritisme et en particulier de l'ectoplasme a été traité dans une perspective féministe par Karen Beckman dans *Vanishing Women: Magic, Film, and Feminism,* Durham, Duke University Press, 2003, dans une perspective d'étude des médias. Pour le rapport entre ectoplasme et sexualité féminine, voir l'article d'Anne L. Delgado, « Bawdy Technologies and the Birth of Ectoplasm », *Genders,* nº 54, automne 2011.

Robert M. Brain explore l'histoire scientifique et culturelle de l'ectoplasme dans son essai « Materialising the Medium: Ectoplasm and the Quest for Supra-Normal Biology in *Fin-de-Siècle* Science and Art », dans Anthony Enns et Shelley Trower (dir.), *Vibratory Modernism,* New York, Palgrave Macmillan, 2013.

L'analyse féministe des phénomènes de matérialisation spirite s'appuie sur la réflexion de Julia Kristeva sur le rapport entre féminité et abjection. À ce sujet, voir Julia Kristeva, *Pouvoirs de l'horreur. Essai sur l'abjection,* Paris, Points, coll. « Essais », 1983 [1980]. Georges Didi-Huberman illustre le rapport entre la médicalisation du corps féminin et les représentations photographiques dans le contexte des études sur l'hystérie dans *Invention de l'hystérie. Charcot et l'iconographie photographique de la Salpêtrière,* Paris, Macula, coll. « Scènes », 2021 [1982]. Sur la cruauté du regard porté sur le corps féminin, voir aussi cet autre essai de Georges Didi-Huberman, *Ouvrir Vénus. Nudité, rêve, cruauté,* Paris, Gallimard, coll. « Le temps des images », 1999. Concernant le rapport entre la technologie photographique et les corps qu'elle représente, voir Susan Sontag, *Sur la photographie,*

Paris, Christian Bourgois, 2021 [1977] ; et Roland Barthes, *La chambre claire. Note sur la photographie,* Paris, Gallimard/ Seuil, coll. « Cahiers du cinéma », 1980.

Le développement de la gynécologie moderne et ses liens avec la violence raciale et coloniale sont décrits par G.J. Barker-Benfield dans *The Horrors of the Half-Known Life: Male Attitudes toward Women and Sexuality in Nineteenth-Century America,* Londres, Routledge, 2000 [1976] ; et Harriet A. Washington, *Medical Apartheid: The Dark History of Medical Experimentation on Black Americans from Colonial Times to the Present,* New York, Anchor, 2008 [2006]. Dominique Christina, dans *Anarcha Speaks: A History in Poems,* Boston, Beacon Press, coll. « National Poetry », 2018, raconte l'histoire des expérimentations gynécologiques sur les femmes noires réduites en esclavage au XIXe siècle à travers la voix d'Anarcha, une des « cobayes » de James Marion Sims, l'inventeur du spéculum. Luce Irigaray pense le spéculum comme une métaphore philosophique de la violence du regard patriarcal dans *Speculum. De l'autre femme,* Paris, Éditions de Minuit, coll. « Critique », 1974. Pour une approche épistémologique et féministe du rapport entre le corps et le regard voir aussi Helen E. Longino et Evelyn Fox Keller (dir.), *Feminism and Science,* Oxford, Oxford University Press, coll. « Oxford Readings in Feminism », 1996.

Pilules

Les ouvrages qui parlent de l'histoire du développement scientifique, l'expérimentation et la commercialisation de la pilule sont nombreux. Nous citerons Elizabeth Siegel

Watkins, *On the Pill: A Social History of Oral Contraceptives, 1950-1970,* Baltimore, Johns Hopkins University Press, 2001 [1998] ; Lara Marks, « "A Cage of Ovulating Females": The History of the Early Oral Contraceptive Pill Clinical Trials, 1950-1959 », dans Soraya de Chadarevian et Harmke Kamminga (dir.), *Molecularizing Biology and Medicine: New Practices and Alliances, 1910s-1970s,* Reading, Harwood Academic Publishers, 1998, p. 221-247 ; Lara V. Marks, *Sexual Chemistry: A History of the Contraceptive Pill,* New Haven, Yale University Press, 2010 [2001] ; Donna J. Drucker, *Contraception: A Concise History,* Cambridge (MA), MIT Press, coll. « The MIT Press Essential Knowledge », 2020.

Laura Briggs étudie le rapport entre impérialisme, contrôle des naissances et expérimentation des contraceptifs hormonaux à Porto Rico dans *Reproducing Empire: Race, Sex, Science, and U.S. Imperialism in Puerto Rico,* Berkeley, University of California Press, coll. « American Crossroads », 2003. Plus généralement, pour comprendre les liens entre racisme, féminisme et droits reproductifs, voir Angela Davis, *Femmes, race et classe,* Paris, Zulma, 2022; et Harriett A. Washington, *Medical Apartheid, op. cit.*

L'historienne de la médecine Nelly Oudshoorn raconte en détail l'histoire scientifique et culturelle des hormones sexuelles dans *Beyond the Natural Body: An Archaeology of Sex Hormones,* Londres, Routledge, 1994, un essai qui déconstruit la rigide dichotomie nature/culture. Pour l'histoire scientifique du développement des hormones de synthèse, voir aussi Carl Djerassi, *This Man's Pill: Reflections on the 50th Birthday of the Pill,* Oxford, Oxford University Press, coll. « Popular Science », 2004. Sarah Hill propose une analyse des effets collatéraux des hormones de synthèse sur l'esprit des femmes dans *This is Your Brain on Birth Control: The Surprising Science of Women, Hormones, and the Law of Unintended Consequences,* New York, Avery, 2019.

Paul B. Preciado a analysé la pilule contraceptive dans une perspective transféministe dans *Testo Junkie. Sexe, drogue et biopolitique,* Paris, Seuil, coll. « Points », 2021 [2008]. On retrouve sa réflexion sur la construction technologique du corps sexué dans *Manifeste contra-sexuel,* Paris, Balland, coll. « Modernes » 2000 ; et *Je suis un monstre qui vous parle. Rapport pour une académie de psychanalystes,* Paris, Grasset, 2020. Le dépassement de la notion rigide de nature dans le cadre des technologies de genre a également été exploré par Angela Balzano, *Per farla finita con la famiglia. Dall'aborto alle parentele postumane,* Milan, Meltemi, coll. « Culture Radicali », 2021.

Interfaces

La relation entre connaissance scientifique des corps et pouvoir politique a été conceptualisée par Michel Foucault, dans *La volonté de savoir, op. cit.* Pour une analyse épistémologique du concept d'objectivité dans les sciences, voir Lorraine Daston et Peter Galison, *Objectivity,* New York, Zone Books, 2010. L'histoire du test de grossesse a fait l'objet de plusieurs articles scientifiques. L'histoire de l'utilisation de *Xenopus laevis* est décrite par Denise Lynn dans « World's Oddest Toads: Xenopus Pregnancy Tests and Animal Commodities in "Capitalist Ruins" », *Capitalism Nature Socialism,* vol. 33, n° 2, 2022, p. 103-119. Pour une analyse des développements successifs du test de grossesse, voir Glenn D. Braunstein,

« The Long Gestation of the Modern Home Pregnancy Test », *Clinical Chemistry,* vol. 60, nº 1, janvier 2014, p. 18-21. L'impact social et culturel de la généralisation du test de grossesse à domicile a été étudié dans les articles de Sarah A. Leavitt « "A Private Little Revolution": The Home Pregnancy Test in American Culture », *Bulletin of the History of Medicine,* vol. 80, nº 2, été 2006, p. 317-345 et de Jesse Olszynko-Gryn, « Thin Blue Lines: Product Placement and the Drama of Pregnancy Testing in British Cinema and Television », *The British Journal for the History of Science,* vol. 50, nº 3, septembre 2017, p. 495-520.

La construction de faits scientifiques à travers des réseaux de corps non humains est un thème caractéristique de la pensée de Bruno Latour, notamment dans ses essais *Nous n'avons jamais été modernes. Essai d'anthropologie symétrique,* Paris, La Découverte, coll. « Poche », 2006 [1991] ; et *Politiques de la nature. Comment faire entrer les sciences en démocratie,* Paris, La Découverte, coll. « Poche » 2004 [1999]. À ce sujet, voir aussi Isabelle Stengers, *Cosmopolitiques,* Paris, La Découverte, coll. « Les empêcheurs de penser en rond », 2022 [2003]. L'analyse des objets technologiques comme configurations matérielles agissantes fait référence à Jane Bennett, *Vibrant Matter: A Political Ecology of Things,* Durham, Duke University Press, coll. « John Hope Franklin Center Book », 2010. Le concept d'« interface » comme espace de construction des identités des corps doit beaucoup à la lecture des textes de Karen Barad, *Meeting the Universe Halfway: Quantum Physics and the Entanglement of Matter and Meaning,* Durham, Duke University Press, 2007 ; et « Nature's Queer Performativity », *Qui Parle,* vol. 19, nº 2, printemps-été 2011, p. 121-158.

Ultrasons

L'historienne de la médecine moderne Barbara Duden s'est penchée sur la construction scientifique et technologique de l'embryon comme individu dans *L'invention du fœtus. Le corps féminin comme lieu public,* Paris, Descartes et Cie, 1996 [1991]. L'histoire des collections de fœtus humains et l'influence de cette pratique sur le développement de l'identité scientifique et culturelle du fœtus ont été étudiées par Lynn Morgan dans *Icons of Life: A Cultural History of Human Embryos,* Oakland, University of California Press, 2009.

Sur le concept de « nécropolitique » voir Achille Mbembe, « Nécropolitique », *Raisons politiques,* n° 21, 2006, p. 29-60. Pour la généalogie du concept de « biopolitique », voir Michel Foucault, *Naissance de la biopolitique. Cours au Collège de France 1978-1979,* Paris, EHESS/Gallimard/Seuil, coll. « Hautes études », 2004. Concernant l'histoire sociale et politique de l'échographie, voir Julie Roberts, *The Visualized Foetus: A Cultural and Political Analysis of Ultrasound Imagery,* Londres, Routledge, coll. « Theory, Technology and Society », 2012 ; Janelle S. Taylor, *The Public Life of the Fetal Sonogram: Technology, Consumption, and the Politics of Reproduction,* New Brunswick (NJ), Rutgers University Press, coll. « Studies in Medical Anthropology », 2008 ; et Monica J. Casper, *The Making of the Unborn Patient: A Social Anatomy of Fetal Surgery,* New Brunswick (NJ), Rutgers University Press, 1998. Le concept de « techno-fœtus » établi par Monica Casper a été repris plus tard par Donna Haraway dans « Fetus: The Virtual Speculum in the New World Order », *Feminist Review,* vol. 55, n° 1, mars 1997, p. 22-72.

Plusieurs articles traitent des liens entre la représentation technologique du fœtus et les politiques anti-avortements, notamment Rosalind Pollack Petchesky, « Fetal Images: The Power of Visual Culture in the Politics of Reproduction », *Feminist Studies,* vol. 13, nº 2, été 1987, p. 263-292; et Zoë Sofoulis, « Exterminating Fetuses: Abortion, Disarmament, and the Sexo-Semiotics of Extraterrestrialism », *Diacritics,* vol. 14, nº 2, été 1984, p. 47-59. La continuité généalogique entre les technologies de guerre, dont le sonar, et les technologies de représentation est décrite par Paul Virilio dans *Guerre et cinéma,* t. 1, *Logistique de la perception,* Paris, Cahiers du cinéma, coll. « Essais », 1991 [1984].

Karen Barad a étudié la construction technologique du corps de fœtus par l'entremise du regard de l'échographie dans *Meeting the Universe Halfway, op. cit.* L'ambivalence du regard technologique sur les corps est un axe central de la pensée de Donna Haraway, elle est soigneusement explorée dans « Situated Knowledges: The Science Question in Feminism and the Privilege of Partial Perspective », *Feminist Studies,* vol. 14, nº 3, automne 1988, p. 575-599, republié dans *Manifeste cyborg et autres essais. Sciences – Fictions – Féminismes,* Paris, Exils, 2007 [1984].

Conclusion

Shulamith Firestone a été la première à revendiquer une utilisation des technologies de reproduction par les femmes dans *La dialectique du sexe. Le cas de la révolution féministe,* Paris, Stock, 1972 [1970]. L'actualité de la pensée de Firestone pour le féminisme contemporain a été étudiée par Victoria Margree, dans *Neglected or Misunderstood: The Radical Feminism of Shulamith Firestone*, Winchester, Zero Books, 2018. Donna Haraway a introduit la métaphore du cyborg dans « A Manifesto for Cyborgs: Science, Technology, and Socialist Feminism in the 1980s », *Socialist Review*, nº 80, octobre 1985, p. 65-108, publié en français dans *Manifeste cyborg et autres essais, op. cit.* La réappropriation féministe de la technologie est un thème majeur du cyberféminisme ; pour une critique de la relation entre cyberféminisme et technologie voir Sadie Plant, *Zeros and Ones: Digital Women and the New Technoculture*, Londres, Fourth Estate, 2016 [1997] ; Helen Hester, *Xenofeminism*, Cambridge, Polity, coll. « Theory Redux », 2018. Pour une analyse de la métaphore du cyborg et de son actualité, voir l'article de Zoë Sofoulis, « The Cyborg, Its Manifesto and Their Relevance Today: Some Reflections », *Platform*, vol. 6, nº 2, 2015, p. 8-15.

Notes et références

Introduction

1 Matt Walsh, *What Is a Woman?,* The Daily Wire, 2022, 95 minutes.

2 Michel Foucault, *Histoire de la sexualité,* t. 1, *La volonté de savoir,* Paris, Gallimard, coll. « Tel », 1991 [1976], p. 81.

3 Judith Butler, *Ces corps qui comptent. De la matérialité et des limites discursives du « sexe »,* Paris, Éditions Amsterdam, 2018 [1993], p. 26-27.

Chapitre 1

1 C'est ainsi que Sigmund Freud définit l'hystérie, voir « Hysterie », dans Albert Villaret (dir.), *Handwörterbuch der gesamten Medizin,* vol. 1, Stuttgart, Ferdinand Enke, 1888, p. 886-892.

2 Cesare Lombroso, *Hypnotisme et spiritisme,* Paris, Flammarion, coll. « Bibliothèque de philosophie scientifique », 1910.

3 À propos des théories criminologiques de Lombroso, voir Paul Knepper, « Clocks and Crime: Conceptions of Time in the Writings of Cesare Lombroso », *Crime, Histoire & Sociétés,* vol. 22, nº 2, 2018, p. 9-29.

4 Pour une biographie détaillée d'Eusapia Palladino et une description précise de son rôle dans le milieu du spiritisme de la Belle Époque, voir Francesco Paolo de Ceglia et Lorenzo Leporiere, *La pitonessa, il pirata e l'acuto osservatore. Spiritismo e scienza nell'Italia della belle époque,* Milan, Editrice Bibliografica, coll. « Storie della scienza » 2018.

5 Giorgio Manganelli, *Le interviste impossibili,* Milan, Adelphi, coll. « Picola Biblioteca », 1997, p. 78.
6 Lombroso, *Hypnotisme et spiritisme, op. cit.*, p. 73.
7 *Ibid.*, p. 78.
8 *Ibid.*
9 Charles Richet, *Traité de métapsychique,* Paris, Librairie Félix Alcan, 1922.
10 *Ibid.*, p. 596.
11 Sur le rapport entre la biologie et le spiritisme au XIXe siècle et sur le lien entre l'ectoplasme et les théories biologiques de l'époque, voir Robert M. Brain, « Materialising the Medium: Ectoplasm and the Quest for Supra-Normal Biology in *Fin-de-Siècle* Science and Art », dans Anthony Enns et Shelley Trower (dir.), *Vibratory Modernism,* New York, Palgrave Macmillan, 2013, p. 115-144.
12 Hans Driesch, *Psychical Research: The Science of the Super-Normal,* Londres, G. Bell, 1933, p. 119.
13 Lombroso, *Hypnotisme et spiritisme, op. cit.*, p. 272.
14 Richet, *Traité de métapsychique, op. cit.*, p. 596 (je souligne).
15 Pour une approche féministe du rapport entre photographie, cinéma et spiritisme, voir Karen Beckman, *Vanishing Women: Magic, Film, and Feminism,* Durham, Duke University Press, 2003.
16 Hippolyte Baraduc, *L'âme humaine. Ses mouvements, ses lumières et l'iconographie de l'invisible fluidique,* Paris, Georges Carré, 1896.
17 À propos de la photographie spirite d'Hippolyte Baraduc, voir Nicolas Pethes, « Psychicones: Visual Traces of the Soul in Late Nineteenth-Century Fluidic Photography », *Medical History,* vol. 60, nº 3, juillet 2016, p. 325-341.
18 Georges Didi-Huberman, *Invention de l'hystérie. Charcot et l'iconographie photographique de la Salpêtrière,* Paris, Macula, coll. « Scènes », 2021 [1982].
19 *Ibid.*, p. 70.
20 *Ibid.*, p. 155.
21 Désiré-Magloire Bourneville et Paul Regnard, *Iconographie photographique de la Salpêtrière. Service de M. Charcot,* 3 vol., Paris, V. Adrien Delahaye, 1876-1880.
22 Didi-Huberman, *Invention de l'hystérie, op. cit.*, p. 131.

23 « *Ectoplasmic midwife* » est une expression employée par Anne L. Delgado dans « Bawdy Technologies and the Birth of Ectoplasm », *Genders*, nº 54, automne 2011.

24 Albert von Schrenck-Notzing, *Phenomena of Materialisation: A Contribution to the Investigation of Mediumistic Teleplastics*, Londres, Kegan Paul, Trench, Turner & Co., 1923 [1914], p. 84.

25 *Ibid.*, p. 134.

26 *Ibid.*, p. 39.

27 *Ibid.*, hors-texte, figure 138.

28 L'histoire de James Marion Sims et de son rôle dans la gynécologie du XIXe siècle est traitée dans le chapitre 10 de l'essai de l'historien G.J. Barker-Benfield, *The Horrors of the Half-Known Life: Male Attitudes toward Women and Sexuality in Nineteenth-Century America*, Londres, Routledge, 2000 [1976].

29 Luce Irigaray, *Speculum. De l'autre femme*, Paris, Éditions de Minuit, coll. « Critique », 1974.

30 *Ibid.*, p. 262.

Chapitre 2

1 « FAQ – Contraccezione ormonale », Ministero della Salute, 26 mars 2021.

2 Pour une discussion clinique sur les effets de l'hémorragie de privation, voir Lene Hee, Laura O. Kettner et Mogens Vejtorp, « Continuous Use of Oral Contraceptives: An Overview of Effects and Side-Effects », *Acta Obstetricia et Gynecologica Scandinavica*, vol. 92, nº 2, février 2013, p. 125-136.

3 Elizabeth Siegel Watkins, « How the Pill Became a Lifestyle Drug: The Pharmaceutical Industry and Birth Control in the United States Since 1960 », *American Journal of Public Health*, vol. 102, nº 8, août 2012, p. 1462-1472.

4 *Ibid.*, p. 1470.

5 Les conséquences de la pilule comme technologie capable de supprimer les désagréments associés à la « nature » du corps féminin sont amplement discutées dans un article de Carly S. Woods, « Repunctuated Feminism: Marketing Menstrual Suppression Through the Rhetoric of Choice », *Women's Studies in Communication*, vol. 36, nº 3, 2013, p. 267-287.

6 « Donnez-moi tout votre poison, donnez-moi toutes vos pilules [...] vous poursuivez quelque chose que vous n'arriverez jamais à tuer », dit le texte de la chanson *Thank You for the Venom* (Merci pour le poison) du groupe emocore My Chemical Romance.

7 Pour approfondir, voir l'essai de Laura Briggs, *Reproducing Empire: Race, Sex, Science, and U.S. Imperialism in Puerto Rico,* Berkeley, University of California Press, coll. « American Crossroads », 2003, qui présente une analyse historique et politique précise des campagnes de contrôle démographique des États-Unis sur la population de Porto Rico, du XIXe siècle jusqu'à la fin de la guerre froide.

8 Le fascicule est conservé au Brigham and Women's Hospital Archives, Francis A. Countway Library of Medicine.

9 Briggs, *Reproducing Empire, op. cit.*, p. 139.

10 Angela Davis, « Racisme, contrôle des naissances et libre maternité » [1982], dans *Femmes, race et classe,* Paris, Zulma, 2022.

11 *Ibid.*, p. 243.

12 Le rapport qu'entretient la communauté afro-américaine avec les institutions médicales est un sujet très discuté. Lors de certains épisodes de l'histoire américaine, la recherche médicale a fait des expérimentations sur des personnes noires sans leur consentement. Pour un compte-rendu détaillé de ces épisodes, voir l'ouvrage de Harriet A. Washington, *Medical Apartheid: The Dark History of Medical Experimentation on Black Americans from Colonial Times to the Present,* New York, Anchor, 2008 [2006].

13 Cité dans Davis, « Racisme, contrôle des naissances et libre maternité », *loc. cit.*, p. 235.

14 Gregory Pincus et Herbert Shapiro, « The Comparative Behavior of Mammalian Eggs in Vivo and in Vitro: VII. Further Studies on the Activation of Rabbit Eggs », *Proceedings of the American Philosophical Society,* vol. 83, nº 5, octobre 1940, p. 631-647.

15 Sur la tristement célèbre phrase de McCormick, et plus généralement sur les premières expérimentations humaines de la pilule contraceptive, voir Lara Marks, « "A Cage of Ovulating Females": The History of the Early Oral Contraceptive Pill Clinical Trials, 1950-1959 », dans Soraya de Chadarevian et Harmke Kamminga (dir.), *Molecularizing Biology and Medicine: New Practices and Alliances, 1910s-1970s,* Reading, Harwood Academic Publishers, 1998, p. 221-247.

16 Audre Lorde, *Sister Outsider. Essais et propos d'Audre Lorde sur la poésie, l'érotisme, le racisme, le sexisme*, Genève, Mamamelis, 2023 [1984], p. 116-117.

17 Dans son essai *Beyond the Natural Body: An Archaeology of Sex Hormones* (Londres, Routledge, 1994), l'historienne de la médecine Nelly Oudshoorn détaille l'histoire scientifique des hormones sexuelles, de l'extraction sur les animaux à la production en laboratoire des hormones de synthèse.

18 Carl Djerassi, *This Man's Pill: Reflections on the 50th Birthday of the Pill*, Oxford, Oxford University Press, coll. « Popular Science », 2004, p. 21.

19 Pour une description détaillée du fonctionnement de la contraception hormonale, voir Roberto Rivera, Irene Yacobson et David A. Grimes, « The Mechanism of Action of Hormonal Contraceptives and Intrauterine Contraceptive Devices », *American Journal of Obstetrics and Gynecology*, vol. 181, nº 5, novembre 1999, p. 1263-1269.

20 Sarah Hill, *This is Your Brain on Birth Control: The Surprising Science of Women, Hormones, and the Law of Unintended Consequences*, New York, Avery, 2019.

21 *Ibid.*, p. 102.

22 *Ibid.*, p. 162.

23 Charlotte Wessel Skovlund *et al.*, « Association of Hormonal Contraception with Depression », *JAMA Psychiatry*, vol. 73, nº 11, novembre 2016, p. 1154-1162 ; Charlotte Wessel Skovlund *et al.*, « Association of Hormonal Contraception With Suicide Attempts and Suicides », *American Journal of Psychiatry*, vol. 175, nº 4, avril 2018, p. 336-342.

24 Paul B. Preciado, *Testo Junkie. Sexe, drogue et biopolitique*, Paris, Grasset, 2008.

25 *Ibid.*, p. 137.

26 *Ibid.*, p. 134.

27 Cité dans Elizabeth Siegel Watkins, *On the Pill: A Social History of Oral Contraceptives, 1950-1970*, Baltimore, Johns Hopkins University Press, 1998, p. 37.

Chapitre 3

1 Michel Foucault, *Histoire de la sexualité*, t. 1, *La volonté de savoir*, Paris, Gallimard, coll. « Tel », 1991 [1976], p. 192.

2 L'histoire scientifique de ce changement de paradigme est racontée dans Nelly Oudshoorn, *Beyond the Natural Body: An Archaeology of Sex Hormones,* Londres, Routledge, 1994.
3 Glenn D. Braunstein, « The Long Gestation of the Modern Home Pregnancy Test », *Clinical Chemistry,* vol. 60, nº 1, janvier 2014, p. 18-21.
4 Paul Ghalioungui, Sh. Khalil et A.R. Ammar, « On an Ancient Egyptian Method of Diagnosing Pregnancy and Determining Foetal Sex », *Medical History,* vol. 7, nº 3, juillet 1963, p. 241-246.
5 John B. Gurdon, « Adult Frogs Derived from the Nuclei of Single Somatic Cells », *Developmental Biology,* vol. 4, nº 2, avril 1962, p. 256-273.
6 Eberhard R. Horn, « *Xenopus Laevis*: A Success Story of Biological Research in Space », *Advances in Space Research,* vol. 38, nº 6, 2006, p. 1059-1070.
7 Sam Kriegman *et al.*, « A Scalable Pipeline for Designing Reconfigurable Organisms », *Proceedings of the National Academy of Sciences,* vol. 117, nº 4, 28 janvier 2020, p. 1853-1859.
8 Denise Lynn, « World's Oddest Toads: Xenopus Pregnancy Tests and Animal Commodities in "Capitalist Ruins" », *Capitalism Nature Socialism,* vol. 33, nº 2, 2022, p. 103-119.
9 Pour une analyse détaillée des conséquences de la diffusion de *Xenopus laevis* sur les écosystèmes globaux, voir Lance van Sittert et G. John Measey, « Historical Perspectives on Global Exports and Research of African Clawed Frogs (*Xenopus Laevis*) », *Transactions of the Royal Society of South Africa,* vol. 71, nº 2, avril 2016, p. 157-166.
10 Margaret Crane a donné plusieurs interviews au cours desquelles elle a raconté à la première personne l'histoire de son invention. Pour ce chapitre, je me suis référée à l'interview réalisée à l'ACE Hotel de New York en mars 2016. Voir « Packaging in the News: Meg Crane's Pregnancy Test », *Beach,* 5 septembre 2016.
11 Braunstein décrit la généalogie scientifique du test de grossesse dans « The Long Gestation of the Modern Home Pregnancy Test », *loc. cit.*
12 Plusieurs chercheuses ont analysé le marketing du test de grossesse et le rôle des médias dans la culture de masse. Je renvoie à deux articles en particulier : Sarah A. Leavitt, « "A Private Little Revolution": The Home Pregnancy Test in American Culture », *Bulletin of the History of Medicine,* vol. 80, nº 2, été 2006, p. 317-345 ; Jesse Olszynko-Gryn, « Thin Blue Lines: Product Placement and the Drama of Pregnancy

Testing in British Cinema and Television», *The British Journal for the History of Science,* vol. 50, n° 3, septembre 2017, p. 495-520.

13 Pour une analyse des recherches de Michael Faraday sur l'or colloïdal, voir Ryan D. Tweney, «Epistemic Artifacts: Michael Faraday's Search for the Optical Effects of Gold», dans Lorenzo Magnani et Nancy J. Nersessian (dir.), *Model-Based Reasoning: Science, Technology, Values,* New York, Springer, 2002, p. 287-303.

14 Judith Butler, *Trouble dans le genre. Le féminisme et la subversion de l'identité,* Paris, La Découverte, coll. «Poche», 2006 [1990].

15 Karen Barad, «Nature's Queer Performativity», *Qui Parle,* vol. 19, n° 2, printemps-été 2011, p. 121-158, ici p. 125.

Chapitre 4

1 L'anthropologue Lynn Morgan a étudié l'histoire de la collection des fœtus humains et de leurs conséquences sur les politiques de la reproduction contemporaine dans son ouvrage *Icons of Life: A Cultural History of Human Embryos,* Oakland, University of California Press, 2009.

2 Lynn Morgan élabore ce concept dans le passage suivant de son livre: «Les vies et les histoires des femmes n'ont jamais eu plus d'intérêt pour les collectionneurs d'embryons que la lettre d'amour contenue dans une enveloppe pour le philatéliste. Nous sommes encore les héritiers de cette mentalité, parce que notre propension à considérer l'embryon comme "séparé" était (et reste) dépendante de la pratique qui consiste à le séparer du corps et de l'histoire d'une femme. C'est seulement quand qu'on a soustrait l'embryon aux circonstances de la vie d'une femme qu'il a été possible d'imaginer les "embryons" comme une catégorie d'objets, séparés et séparables du corps des femmes qui les ont produits.» (*Ibid.*, p. 107.)

3 Barbara Duden, *L'invention du fœtus. Le corps féminin comme lieu public,* Paris, Descartes et Cie, 1996 [1991].

4 «Die Technik der Herstellung des ersten weiblichen Fötus», dans Barbara Duden, *Die Gene im Kopf – der Fötus im Bauch. Historisches zum Frauenkörper,* Zurich, Offizin, 2002.

5 Michel Foucault, *Histoire de la sexualité,* t. 1, *La volonté de savoir,* Paris, Gallimard, coll. «Tel», 1991 [1976], p. 187.

6 Achille Mbembe a introduit le terme «nécropolitique» pour décrire comment la défense de la valeur de la vie de certains corps engendre

inévitablement la ségrégation et l'élimination d'autres corps. Cela est particulièrement évident dans le racisme et le colonialisme, qui fondent la civilisation occidentale contemporaine. « Parce qu'il opère sur la base d'une division entre le vivant et le mort, écrit Mbembe, un tel pouvoir se définit lui-même en lien avec le champ biologique – dont il prend le contrôle et dans lequel il s'investit. Ce contrôle présuppose la distribution des espèces humaines en différents groupes, la subdivision de la population en sous-groupes, et l'établissement d'une césure biologique entre les uns et les autres. » Achille Mbembe, « Nécropolitique », *Raisons politiques,* nº 21, 2006, p. 31.

7 L'histoire du succès de Nilsson et les controverses sur son travail en Suède et dans le monde sont exposées dans l'article de Solveig Jülich, « The Making of a Best-Selling Book on Reproduction: Lennart Nilsson's *A Child Is Born* », *Bulletin of the History of Medicine,* vol. 89, nº 3, automne 2015, p. 491-526.

8 Zoë Sofoulis, « Exterminating Fetuses: Abortion, Disarmament, and the Sexo-Semiotics of Extraterrestrialism », *Diacritics,* vol. 14, nº 2, été 1984, p. 47-59, ici p. 59.

9 Jülich, « The Making of a Best-Selling Book on Reproduction », *loc. cit.,* p. 520.

10 Sur la naissance de l'échographie et l'histoire de sa diffusion en obstétrique, voir l'essai de Julie Roberts, *The Visualized Foetus: A Cultural and Political Analysis of Ultrasound Imagery,* Londres, Routledge, coll. « Theory, Technology and Society », 2012.

11 Paul Virilio, *Guerre et cinéma,* t. 1, *Logistique de la perception,* Paris, Cahiers du cinéma, coll. « Essais », 1991 [1984], p. 8

12 *Ibid.,* p. 126-127.

13 L'anthropologue Janelle S. Taylor étudie la théorie de l'attachement à travers l'échographie (*ultrasound bonding*) sous l'angle historique, scientifique et politique dans son ouvrage *The Public Life of the Fetal Sonogram: Technology, Consumption, and the Politics of Reproduction,* New Brunswick (NJ), Rutgers University Press, coll. « Studies in Medical Anthropology », 2008.

14 Eleonora Cirant, « Aborto e battito fetale, la prassi (non richiesta) della doppia ecografia per avere il via libera all'interruzione: come funziona in Italia », *Il Fatto Quotidiano,* 20 septembre 2022.

15 Mario Di Vito, « L'Umbria come Budapest, donne costrette ad ascoltare il cuore del feto », *Il manifesto,* 16 septembre 2022.

16 Rosalind Pollack Petchesky, « Fetal Images: The Power of Visual Culture in the Politics of Reproduction », *Feminist Studies*, vol. 13, nº 2, été 1987, p. 263-292, ici p. 267.

17 Monica Casper, *The Making of the Unborn Patient: A Social Anatomy of Fetal Surgery*, New Brunswick (NJ), Rutgers University Press, 1998, p. 104.

Conclusion

1 Le thème a entre autres été traité par *The Guardian* avec la vidéo « How Your Period Is Making Other People Rich » de Leah Green *et al.* (20 juin 2019), dans *Vox* par Kaitlyn Tiffany avec l'article « Period-Tracking Apps Are Not for Women » (16 novembre 2018) et dans *Bloomberg*, avec un article de Naomi Kresge, Ilya Khrennikov et David Ramli intitulé « Period-Tracking Apps Are Monetizing Women's Extremely Personal Data » (24 janvier 2019).

2 « L'Oréal Partners with Clue, the Period Tracking App, and a Leader in Femtech, to Advance Scientific Knowledge on the Relationship between Skin Health and the Menstrual Cycle », L'Oréal, 4 août 2021.

3 Voir notamment l'enquête de Vittoria Elliott, « Fertility and Period Apps Can Be Weaponized in a Post-*Roe* World », *Wired*, 7 juin 2022.

4 Shulamith Firestone, *La dialectique du sexe. Le cas de la révolution féministe*, Paris, Stock, 1972 [1970], p. 21.

5 *Ibid.*, p. 270.

6 *Ibid.*, p. 22.

7 *Ibid.*, p. 286.

8 Zoë Sofoulis, « Exterminating Fetuses: Abortion, Disarmament, and the Sexo-Semiotics of Extraterrestrialism », *Diacritics*, vol. 14, nº 2, été 1984, p. 47-59, ici p. 48.

9 Donna Haraway, *Manifeste cyborg et autres essais. Sciences - Fictions - Féminismes*, Paris, Exils, 2007 [1984].

10 Zoë Sofoulis, « The Cyborg, Its Manifesto and Their Relevance Today: Some Reflections », *Platform*, vol. 6, nº 2, 2015, p. 8-15, ici p. 8.

11 *Ibid.*, p. 10.

Table des matières

Déjà parus dans la collection « Futur proche »

Atossa Araxia Abrahamian
Citoyennetés à vendre. Enquête sur le marché international des passeports

Marco Armiero
Poubellocène. Chroniques de l'ère des déchets

Normand Baillargeon et Jean-Marc Piotte (dir.)
Au bout de l'impasse, à gauche. Récits de vie militante et perspectives d'avenir

Franco « Bifo » Berardi
Tueries. Forcenés et suicidaires à l'ère du capitalisme absolu

Gaétan Breton
La dette. Règlement de comptes

Gaétan Breton
Faire payer les pauvres. Éléments pour une fiscalité progressiste

Gaétan Breton
Tout doit disparaître. Partenariats public-privé et liquidation des services publics

Jean Bricmont
L'impérialisme humanitaire. Droit humanitaire, droit d'ingérence, droit du plus fort ?

Pierre-Luc Brisson
L'âge des démagogues. Entretiens avec Chris Hedges

Noam Chomsky
Comprendre le pouvoir

Noam Chomsky
*Futurs proches. Liberté, indépendance et impérialisme au XXI*e *siècle*

Noam Chomsky
La lutte ou la chute ! Pourquoi il faut se révolter contre les maîtres de l'espèce humaine

Noam Chomsky
L'optimisme contre le désespoir. Entretiens avec C.J. Polychroniou

Noam Chomsky
Le précipice. Entretiens avec C.J. Polychroniou

Noam Chomsky
Qui mène le monde ?

Noam Chomsky et Vijay Prashad
Le retrait. La fragilité de la puissance des États-Unis : Irak, Libye, Afghanistan

Noam Chomsky et Marv Waterstone
Les conséquences du capitalisme. Du mécontentement à la résistance

Gabriella Coleman
Anonymous. Hacker, activiste, faussaire, mouchard, lanceur d'alerte

Pierre Dardot, Haud Guéguen, Christian Laval et Pierre Sauvêtre
Le choix de la guerre civile. Une autre histoire du néolibéralisme

Mitchell Dean et Daniel Zamora
Le dernier homme et la fin de la révolution. Foucault après Mai 68

Francis Dupuis-Déri (dir.)
Québec en mouvements. Idées et pratiques militantes contemporaines

Chris Hedges
L'empire de l'illusion. La mort de la culture et le triomphe du spectacle

Chris Hedges
Les fascistes américains. La droite chrétienne à l'assaut des États-Unis

Chris Hedges
La mort de l'élite progressiste

Edward S. Herman et David Peterson
Génocide et propagande. L'instrumentalisation politique des massacres

Institut de recherche et d'informations socioéconomiques (IRIS)
Dépossession : une histoire économique du Québec contemporain. Tome 1 : les ressources

Institut de recherche et d'informations socioéconomiques (IRIS)
Dépossession : une histoire économique du Québec contemporain. Tome 2 : les institutions publiques

Am Johal et Matt Hern
Réchauffement planétaire et douceur de vivre. Road trip en territoire pétrolifère

Razmig Keucheyan
Hémisphère gauche. Une cartographie des nouvelles pensées critiques

Naomi Klein
Le choc des utopies. Porto Rico contre les capitalistes du désastre

Naomi Klein
Dire non ne suffit plus. Contre la stratégie du choc de Trump

Naomi Klein
La maison brûle. Plaidoyer pour un New Deal vert

Naomi Klein
No logo. La tyrannie des marques

Naomi Klein
Tout peut changer. Capitalisme et changement climatique

Naomi Klein et Rebecca Steffof
Comment tout peut changer. Outils à l'usage de la jeunesse mobilisée pour la justice climatique et sociale

Andrea Langlois et Frédéric Dubois (dir.)
Médias autonomes. Nourrir la résistance et la dissidence

Julien Lefort-Favreau
Le luxe de l'indépendance. Réflexions sur le monde du livre

Linda McQuaig
Les milliardaires. Comment les ultra-riches nuisent à l'économie

Thibault Prévost
Les prophètes de l'IA. Pourquoi la Silicon Valley nous vend l'apocalypse

Luc Rabouin
Démocratiser la ville. Le budget participatif: de Porto Alegre à Montréal

Sherene H. Razack
La chasse aux Musulmans. Évincer les Musulmans de l'espace politique

Jeremy Scahill
Le nouvel art de la guerre. Dirty Wars

Jeremy Scahill et l'équipe de *The Intercept*
La machine à tuer. La guerre des drones

Samir Shaheen Hussain
Plus aucun enfant autochtone arraché. Pour en finir avec le colonialisme médical canadien

Tom Slee
Ce qui est à toi est à moi. Contre Airbnb, Uber et autres avatars de l'« économie du partage »

Nick Srnicek
Capitalisme de plateforme. L'hégémonie de l'économie numérique

Olúfẹ́mi O. Táíwò
L'élite cannibale. Comment les puissants se sont approprié les luttes identitaires (et tout le reste)

Astra Taylor
Démocratie.com. Pouvoir, culture et résistance à l'ère des géants de la Silicon Valley

Harsha Walia
Frontières et domination. Migrations, capitalisme et nationalisme

Lesley W. Wood
Mater la meute. La militarisation de la gestion policière des manifestations

CET OUVRAGE A ÉTÉ IMPRIMÉ EN AOÛT 2024
SUR LES PRESSES DES ATELIERS DE L'IMPRIMERIE
CPI FIRMIN-DIDOT POUR LE COMPTE DE LUX,
ÉDITEUR À L'ENSEIGNE D'UN CHIEN D'OR DE
LÉGENDE DESSINÉ PAR ROBERT LAPALME

La mise en page
est de Jolin MASSON

La révision du texte
est de Cécile DELBECCHI

Lux Éditeur
C.P. 25005 BP Villeneuve
Montréal, Qc H2T 1R0

Diffusion et distribution
Au Canada : Flammarion
En Europe : Harmonia Mundi

Imprimé en France